# もくじと学習の記録



本書に関する最新情報は，当社ホームページにある**本書の「サポート情報」**をご覧ください。（開設していない場合もございます。）

# 3年のふく習①

月　日

時間 30分　合かく 80点　とく点　点

答え↓別さつ1ページ

**1** 次の——線の漢字の読み方を書きなさい。（10点／一つ1点）

(1) めずらしい人形が、かざってあった。〔　〕

(2) 事こで、この道は通行止めになった。〔　〕

(3) 学校の温室で、たねを育てます。〔　〕

(4) むずかしい漢字を習いました。〔　〕

(5) 荷物を持ち歩いて、たいへんつかれた。〔　〕

(6) 山をおりて、川下の村に向かいました。〔　〕

(7) 相手にわかるように、文を直しなさい。〔　〕

(8) ずうっと向こうまで直線の道です。〔　〕

(9) なにごとにも正直であることが、大事です。〔　〕

(10) れんらくが入って、直ちに出発した。〔　〕

**2** それぞれの部首に合うように、漢字をしあげなさい。（40点／一つ2点）

(1) 氵□　(2) 木□　(3) 亻□　(4) 言□

(5) 糸□　(6) 扌□　(7) 宀□　(8) 雨□

(9) 广□　(10) 辶□　(11) 禾□　(12) 阝□

(13) 彳□　(14) 礻□　(15) 月□　(16) □阝

(17) 艹□　(18) □心　(19) 方□　(20) 羽□

重要

**3** 次の漢字の筆順《ひつじゅん》で、正しいほうに○をつけなさい。（8点／一つ2点）

(1) 庭
- ア〔　〕广庐庐庐庭庭
- イ〔　〕广广庐庄庭庭

(2) 主
- ア〔　〕丶亠亠主主
- イ〔　〕丶丨亠主主

(3) 究
- ア〔　〕丨宀宀穴穸究
- イ〔　〕丨宀宀穴究究

(4) 乗
- ア〔　〕一千乖乖乗乗
- イ〔　〕一二乖乖乗乗

**4** 次の――線のひらがなを、漢字で書きなさい。（20点／一つ4点）

(1) 学校のおくじょう〔　　〕で、空のかんさつをした。

(2) 道路ではちゅうい〔　　〕して、わたりなさい。

(3) 体育館でせいれつ〔　　〕する。

(4) 自由研究のはっぴょう〔　　〕をする。

(5) 公園で、みんなでやきゅう〔　　〕をした。

**5** 次の□に、ふさわしい漢字を書きなさい。（10点／一つ2点）

(1) 人→□→当　手→□→談

(2) 船→□→短　校→□→身

(3) 動→□→音　植→□→語

(4) 終着→□→員　伝←□→前

(5) 最→□→半　直→□→日

**6** □に反対の意味の漢字を書きなさい。（12点／一つ2点）

(1) 朝↔□

(2) □↔雨

(3) □↔少

(4) 天↔□

(5) 終↔□

(6) □↔入

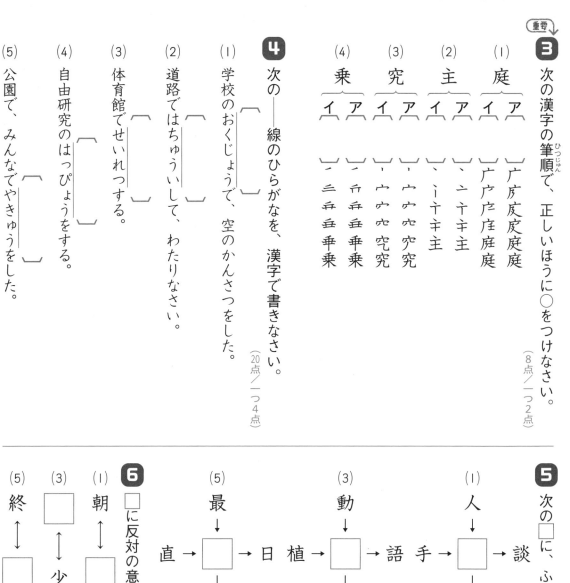

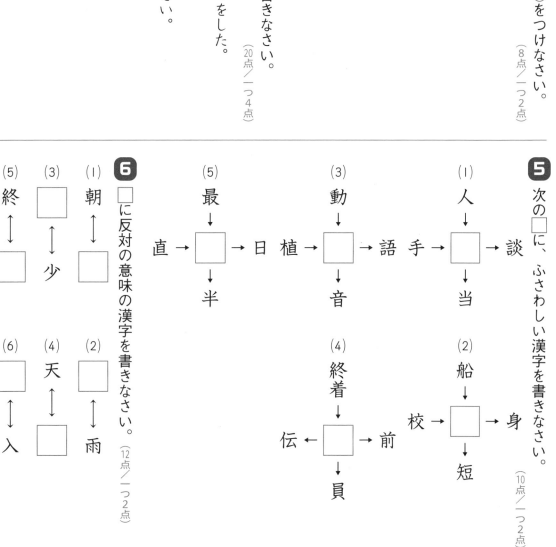

# 3年のふく習②

月　日

答え⬇別さつ1ページ

時間 30分　合かく 80点　とく点　点

**1** 次の〔　〕に入るふさわしい言葉をあとから選《えら》んで、書き入れなさい。（28点／一つ4点）

(1) 犬は、〔　　〕家の方へかけていった。

(2) 暑さで、のどが〔　　〕かわいた。

(3) ねこの〔　　〕毛は、気持ちがいい。

(4) 〔　　〕、病気が広がった。

(5) 音を立てないように、〔　　〕戸をあけた。

(6) かれは、〔　　〕はたらきをした。

(7) 子どもひとりでは、〔　　〕ことだ。

からからに　まっしぐらに
そっと　ふんわりした　めざましい
こころぼそい　またたくまに

**2** 次の意味を表す言葉を考えて、漢字二字で書きなさい。（32点／一つ4点）

(1) 人が、おたがいに話をすること。

(2) 体の動きや身のこなし。

(3) 思い切って何かを行うこと。

(4) くるくる回ること。

(5) 下りや上りのある道。

(6) ちしきが開けて、文化が進むこと。

(7) ものごとを深く考え、広くくわしく調べること。

(8) 大昔からつたえられた、神を主人公とした物語。

**3** 次の言葉に合うものを――線でつなぎ、その意味をあとから選んで、記号で答えなさい。（24点／一つ4点）

(1) 顔が ・　・ かかる 〔　〕

(2) 首を ・　・ 立たない 〔　〕

(3) 手が ・　・ すべる 〔　〕

(4) 口が ・　・ 広い 〔　〕

(5) 歯が ・　・ まく 〔　〕

(6) したを ・　・ 長くする 〔　〕

**ア** おどろくこと。

**イ** つき合いが広く、人によく知られていること。

**ウ** うっかり話すこと。

**エ** 世話がかかること。

**オ** かなわないこと。

**カ** 待ちわびること。

---

**4** 次の文の（①）～（③）に入るつなぎ言葉の組み合わせを選んで、記号で答えなさい。（6点） 〔　〕

大昔、人々は物と物を取りかえて、生活をしていました。（①）、米がほしいときは、自分の持っている肉を差《さ》し出して、米と取りかえるのです。（②）、この方法では、毎回、物と物をおたがいに持ちよるのが大変です。そこで役に立つのが、お金です。みんながそれぞれ、お金を自分のほしい物に交かんしていけばいいのです。（③）、お金とは、物の流通をスムーズにさせるためにあるのです。

**ア** ①ですから　②たとえば　③また

**イ** ①なぜなら　②あるいは　③そして

**ウ** ①そのため　②さらに　③ですから

**エ** ①たとえば　②しかし　③つまり

**5** 〔　〕に言葉をおぎない、一つの文に直しなさい。（10点／一つ5点）

(1) この部屋は広い。それに、使いやすくできている。

↓この部屋は広い〔　〕、使いやすくできている。

(2) ねる前に、大もりのラーメンを食べた。それで、よくねむれなかった。

↓ねる前に、大もりのラーメンを食べた〔　〕、よくねむれなかった。

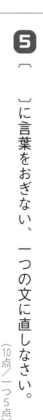

# 3年のふく習③

月　日

答え⬇別さつ1ページ

時間30分　合かく80点

とく点　　点

**1** 次の文章を読んで、あとの問いに答えなさい。

《ごんじいは、村のお祭りに行って、おもちゃを売るのが仕事でした。顔はきつねのままの子どもに化けたきつねをつれて、お店を開いています。》

おばあさんは、こうたをよぶと、とろんとあまい水あめをぼうにまいてくれました。

「ありがとう、おばあさん。」

こうたは、お面を取って、なめようとしました。

「①わっ、わわわあっ……。」

ごんじいは、あわててこうたの手をおさえながら言いました。

「さ、さあ、向こうへ行って、*おかぐらでも見ながらいただこうな。」

「わあい、おかぐら、おかぐら。あれっ、お面をかぶってる？　そうか、お面をかぶっていれば、上がっておどっていいんだね。おじさあん、ぼくもおどるよう！」

こうたは、②手をふり足をふり、ぶたいへ上がっていきました。

テケテン　テンツク　テンツク　テン
ピイピイ　ヒャララ　ピイヒャラ　ドン

「あれ、子どものおかぐらだ。」

「うまいうまい。」

おどりつかれて、ひと休み。おじさんたちは、お面を取って、顔のあせをふきました。

「ぼくも、あせかいた。」

こうたも、ひょいとお面をとりました。

「ああっ、こうた……！」

ごんじいがかけよりましたが、間に合いません。

「ひえっ、お面を取っても、まだきつね？」

「ほ、本当のきつねだあ！」

「ええっ、ぼくの顔？　ぼく、顔だけきつねのままだったの。」

「いやだあ、コーン！」

こうたは、ひと声さけぶと、しっぽの先からきつねにもどって、いちもくさんににげ出しました。

「これこれ、にげなくてもいいんだよう。」

「③つかまえたりなんか、しないよう。」

みんなが言うのも聞こえないのか、あっという間に、森の中へ消えていってしまいました。

「こうた……。」

「やれやれ、いい子だったのにのう。」

お祭りが終わって、お店をしまって、ごんじいはとうげの道を帰ります。

まがってまがって、七つ目のまがり角に来たとき――。

「あんれ?」

急に車が、かるくなりました。

「ああっ、こうた……。」

「ごんじい、今日は楽しかったね。」

とうげまで来ると、④いつの間にか、こうたはいなくなっていました。

「そうか、きつねとわかってしまったら、人間のおじいとは遊べないか……。」

ごんじいは、少し悲しそうな顔をすると、売れのこりのお面や風車《かざぐるま》やたいこを取り出して、切りかぶの上におきました。

「ほれ、今日一日、わしのいいまごになってくれたお礼じゃよ。」

ごんじいは、車を引いて、山道を下りていきました。

(こわせ たまみ「きつねをつれて村祭り」)

*おかぐら=神様にささげるおどりのこと。

(1) ――線①「わっ、わわわあっ……」は、だれが、どうしておどろいたのですか。(20点)
〔　　　〕

(2) ――線②「手をふり足を……いきました」とありますが、こうたは、どうしておどれると思ったのですか。(20点)
〔　　　〕

(3) ――線③「つかまえたりなんか、しないよう」とありますが、なぜ、そのように言ったのですか。(20点)
〔　　　〕

(4) ごんじいは、どんな気持ちでとうげの道を帰っていったのですか。次から一つ選《えら》んで、記号で答えなさい。(20点)
ア こうたには、もうこりごりだ。
イ こうたにきらわれてしまった。
ウ こうたはいい子だ。また会いたい。
エ 今日は、お面がちっとも売れなかったなあ。
〔　　　〕

(5) ――線④「いつの間にか、こうたはいなくなっていました」とありますが、こうたは、どうして、また、あらわれたのですか。(20点)
〔　　　〕

# 3年のふく習④

月　日

時間30分　合かく80点　とく点　点

答え⬇別さつ2ページ

**1** 次の文章を読んで、あとの問いに答えなさい。

犬は、かしこく、活発で、人間となかよくなれる動物です。

ペットとしてかわいがられる犬もいます。また、けいさつ犬などのように、人間のためにはたらく犬もいます。はたらく犬は、動物としての特長《とくちょう》を生かしたり、おさえたりして、訓練《くんれん》された犬なのです。

もうどう犬も、はたらく犬のなかまです。もうどう犬は、目の不自由《ふじゆう》な人が、町を安全に歩けるように、目の代《か》わりになって助ける犬です。

もうどう犬になる犬は、生まれるとすぐに、人間と家族のようにくらすためのしつけを受けます。そして、一才になると、もうどう犬としてのきびしい訓練が始まるのです。

さいしょは、人間の言うことにしたがう訓練です。訓練をする人は、「ゴー」(進め)、「ストップ」(止まれ)、「シット」(すわれ)などのように、英語《えいご》で命令《めいれい》を出します。犬は、命令のことばを少しずつおぼえ、そのとおりにできるようになっていきます。

いちばんむずかしいのは、「ウエイト」(待て)の命令です。もともと活発な動物である犬にとって、次の命令があるまで動かないでいるのは、つらいことなのです。

しかし、たとえば、駅で電車を待つときに、もうどう犬が勝手に動くと、目の不自由な人がじこにあうかもしれません。ですから、もうどう犬は、がまん強くじっと待つことができなければなりません。

次は、人を安全にみちびく訓練です。

この訓練が始まると、「ハーネス」というきぐが犬の体に取りつけられます。つれている人がハーネスをにぎると、犬の動きがつたわってきます。あぶないものの前で止まったり、それをよけて進んだりすることを、くり返しくり返し教えこまれます。たとえば、だんになっている所では、つまずいて転ばないように、かならず一度止まります。電柱があれば、つれている人がぶつからないように、上手によけるようにします。

使っている人にとってきけんな命令には、したがわないことも教えられます。たとえば、自動車が走ってくる所で、わざと「ゴー」(進め)と命令し、命令どおりに進むと自動車とぶつかりそうになるという訓練をします。このような訓練をくり返して、あぶないときは、「ゴー」と言われても、前へ進まないことをおぼえるのです。

訓練を通して、もうどう犬にふさわしい心がまえも身についていきます。

（吉原《よしはら》　順平《じゅんぺい》「もうどう犬の訓練」）

(1) もうどう犬とは、どのような犬ですか。文中の言葉で答えなさい。（20点）

［　　　　］

(2) もうどう犬になるための訓練は何ですか。二つ答えなさい。（20点／一つ10点）

［　　　　］［　　　　］

(3) なぜ、「ウエイト」（待て）の命令が、もうどう犬にとって、むずかしいのですか。（20点）

［　　　　］

(4) もうどう犬の動きを人につたえるものを、何といいますか。（10点）

［　　　　］

(5) もうどう犬に、命令にしたがわないことを教えるのは、なぜですか。文中の言葉で答えなさい。（20点）

［　　　　］

(6) 次の中で、本文の内容《ないよう》に合っているものにすべて○をつけなさい。（10点）

**ア** もうどう犬は、どんな命令にでもしたがうように、一才のときから訓練される。［　］

**イ** 訓練でいちばんむずかしいのは、「ゴー」（進め）の命令である。［　］

**ウ** 目の不自由な人にとって、もうどう犬はさびしさをまぎらわせてくれるペットである。［　］

**エ** きびしい訓練を通して、もうどう犬にふさわしい心がまえも身につけていく。［　］

**オ** もうどう犬も、はたらく犬のなかまである。［　］

# 1 漢字の読み方

学習のねらい

4年生で習う漢字は、二百二字です。1年から3年までで、四百四十字です。言葉や文の中で漢字を理解《りかい》し、くりかえし覚《おぼ》えるようにしましょう。

月　日

答え⬇別さつ2ページ

## ステップ1

**1** 〔漢字の読み方〕次の――線の読み方を書きなさい。

(1) 三つの星が天の真ん中にのぼった。〔　　〕

(2) 朝早く目を覚まして、軽く体を動かした。〔　　〕〔　　〕

(3) みんなで協力して、おたのしみ会を成功させよう。〔　　〕〔　　〕

(4) そうかん単には言えないのです。〔　　〕

(5) ねこじたとは、熱《あつ》い飲食物が苦手なことをいう。〔　　〕〔　　〕

(6) お昼休みに、図書館で民話のお話し会があった。〔　　〕

(7) 大阪《おおさか》は人口も多く、大都会です。〔　　〕

(8) 「うちのかきは今年が初なりだ。」と父が言った。〔　　〕

**2** 〔まちがえやすい漢字の読み方〕次の漢字の読み方で、正しいほうの記号に○をつけなさい。

(1) 残念　ア ざんねん　イ ざいねん

(2) 競争　ア きょうそう　イ けいそう

(3) 芸当　ア げいあて　イ げいとう

(4) 気候　ア きこう　イ きしょう

(5) 発芽　ア はつめ　イ はつが

(6) 必要　ア しんよう　イ ひつよう

(7) 大臣　ア だいじん　イ おおとの

(8) 栄養　ア しょくりょう　イ えいよう

(9) 卒業　ア りつぎょう　イ そつぎょう

(10) 氏族　ア しぞく　イ しほう

(11) 変形　ア へんぎょう　イ へんけい

(12) 料金　ア ろうきん　イ りょうきん

**3** ［漢字の読み方］次の組み合わせでできる熟語《じゅくご》の読み方を、例にならって書きなさい。

例 八＋百＋屋（やおや）

(1) 小＋雨（　　）
(2) 湯＋気（　　）
(3) 木＋立（　　）
(4) 春＋雨（　　）
(5) 川＋原（　　）
(6) 物＋品（　　）
(7) 景＋色（　　）
(8) 鼻＋血（　　）
(9) 三＋日＋月（　　）
(10) 二＋十＋日（　　）

**4** ［漢字の読み方］次の言葉には、二通りの読み方があります。それぞれ二つずつ書きなさい。

(1) 草原（　　）（　　）
(2) 外海（　　）（　　）
(3) 初日（　　）（　　）
(4) 風車（　　）（　　）
(5) 色紙（　　）（　　）
(6) 市場（　　）（　　）
(7) 船底（　　）（　　）
(8) 上手（　　）（　　）
(9) 草木（　　）（　　）
(10) 竹林（　　）（　　）

# ステップ2

月　日

答え⬇別さつ2ページ

時間 30分　合かく 80点

とく点　点

## 1 次の——線の漢字の読み方を書きなさい。（22点／一つ2点）

(1) 「さかます」というのは、酒を量るますのこと。〔　〕

(2) 父は朝早くから、漁業の仕事をしている。〔　〕

(3) 三つ星とその付近の星を結《むす》んで、星《せい》ざができます。〔　〕

(4) オリオンざでは、三つ星を衣服の帯と見ます。〔　〕〔　〕

(5) 秋の終わりの南東の空に、三つ星が見られます。〔　〕

(6) オリオンというのは、ギリシャ神話に出てきます。〔　〕

(7) 沖縄県は九州の南にあります。〔　〕

(8) 町の中に、たくさんの電柱が立ちならんでいます。〔　〕

(9) さくらの木は、今年も花をさかせました。〔　〕

(10) 畑に生えた草をかりました。〔　〕

## 2 次の——線の漢字から、一つだけ読み方がほかとちがうものを選《えら》んで、記号に○をつけなさい。（18点／一つ2点）

(1) 山（ア 山林　イ 山村　ウ 山里）

(2) 家（ア 画家　イ 家主　ウ 家庭）

(3) 間（ア 人間　イ 間食　ウ 時間）

(4) 合（ア 合戦　イ 会合　ウ 合同）

(5) 明（ア 説明　イ 明治　ウ 明朝）

(6) 後（ア 午後　イ 後方　ウ 前後）

(7) 行（ア 実行　イ 行進　ウ 苦行）

(8) 元（ア 元気　イ 元日　ウ 元来）

(9) 無（ア 無事　イ 無口　ウ 無礼）

**3** 次の漢字の音読みを、かたかなで二通り書きなさい。（24点／一つ2点）

(1) 省 (2) 物 (3) 頭 (4) 漁 (5) 競 (6) 形 (7) 色 (8) 間 (9) 後 (10) 名 (11) 便 (12) 言

重要

**4** 次の熟語《じゅくご》の読み方を書きなさい。（16点／一つ2点）

(1) 計画　図画
(2) 外国　外側
(3) 日直　正直
(4) 文章　文様

**5** 次の熟語の読み方を（　）に書き、それが音読みならば1、訓《くん》読みならば2、どちらの読み方もあるものには3と〔　〕に書きなさい（3の場合は、両方の読み方を書きなさい）。（20点／一つ2点）

(1) 有料 (2) 観察 (3) 本名 (4) 国民 (5) 夕立 (6) 印刷 (7) 山道 (8) 区別 (9) 年月 (10) 放送

(5) 旅人　旅行
(6) 都合　都会
(7) 作業　作物
(8) 友達　親友

# 2 漢字の書き方

学習のねらい

部首や反対語、同意語などを組み合わせて、言葉や文にそった正しい漢字を書くことができるようにします。筆順《ひつじゅん》にも注意をはらって書きましょう。

月　日

答え⬇別さつ3ページ

## ステップ1

**1** ［漢字の書き方］次の——線のひらがなを、漢字で書きなさい。

(1) 午後のきょうぎが始まった。〔　　〕

(2) 向こうの方で、赤いはたがふられていた。〔　　〕

(3) それは、一さく日のことだった。〔　　〕

(4) 朝、母と公園へさん歩にいった。〔　　〕

(5) 首かざりが、池のそこにしずんでしまった。〔　　〕

(6) よく見える位《い》ちに立った。〔　　〕

(7) 川ぞいには、そう庫がならんでいる。〔　　〕

---

**2** ［漢字の音訓《おんくん》］次の文の二つの□には、同じ漢字が入ります。その漢字を書きなさい。

(1)
入場式の□進は、すばらしかった。
電車の□き先は、わからない。
□

(2)
英語《えいご》を□通語として使う。
どこまでも、□に歩もう。
□

(3)
雨が多いので、□水の工事が始まった。
多くの人に選《えら》ばれ、国を□めた。
□

(4)
ごかいのないように□めなさい。
どんなに苦しくとも、□力は大切だ。
□

**3**〔送りがなと漢字〕同じ送りがなの漢字を、それぞれ五つずつ□に書きなさい。

(1) □□□□□ う

(2) □□□□□ く

(3) □□□□□ える

**4**〔漢字のくふう〕次のパズルが完成《かんせい》するように、あとの□の言葉を漢字に直して□に書きなさい。

塩

ボコクゴ・イシャ・エンブン
ゲンゴガクシャ・ブンボ

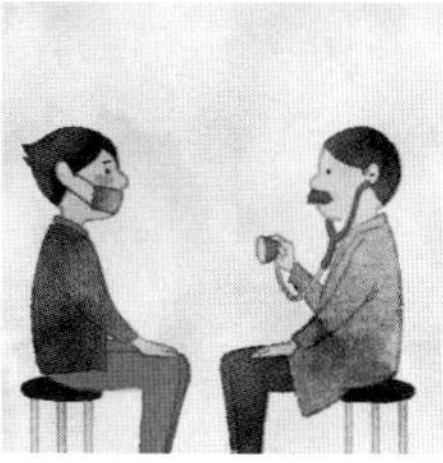

**5**〔漢字の区別《くべつ》〕次の□に入る漢字を、それぞれ〔　〕の中から選んで、○をつけなさい。

(1) 一□間後に、また会おう。〔週・周・終〕

(2) あの店は、いつも行□ができる。〔礼・列・例〕

(3) 夕方になると、□灯がついた。〔害・回・街〕

(4) □養《よう》のある食事をとる。〔泳・栄・英〕

(5) 発表会の□内状《じょう》がとどいた。〔安・案・暗〕

(6) 過《す》ごしやすい気□になった。〔好・康・候〕

(7) 水道□が、はれつした。〔管・官・間〕

(8) 楽しみなのは、□食の時間だ。〔休・給・求〕

(9) この町にも、□業が発達《はったつ》した。〔算・参・産〕

(10) 自分の□望《ぼう》どおりになった。〔気・季・希〕

STEP 2

# ステップ2

答え⬇別さつ3ページ

月　日

時間30分　合かく80点　とく点　点

**1** 次の文には、漢字のまちがいがそれぞれ一字ずつあります。まちがっている漢字を正しく直しなさい。（12点／一つ2点）

(1) 牛はおとなしい生き物で、労動力もありました。　□→□

(2) わたしの気持ちが相手につたわり、季望《きぼう》をもった。　□→□

(3) 友達《ともだち》との役束《やくそく》を、どうしても果《は》たしたい。　□→□

(4) 日本で才長の川は、しなの川です。　□→□

(5) 絵は未関成のままだ。　□→□

(6) やっと作線が成功《せいこう》した。　□→□

**2** 次の――線のひらがなを、漢字で書きなさい。（20点／一つ2点）

(1) おばあちゃんの顔が、なきわらい〔　〕の顔になった。

(2) 向こうに見える大きな木は、天ねん〔　〕記念《きねん》物です。

(3) お茶がらは、植物のひ料としてえい〔　〕養満点《ようまんてん》です。

(4) 部屋の電とう〔　〕が、全部消えた。

(5) イソギンチャクは、えさをとるき〔　〕会をつくります。

(6) 愛《え》ひめ〔　〕県は四国にあります。

(7) 体けん〔　〕したことや学習のメモを残《のこ》しておきます。

(8) バーベキューをしたのは、れん〔　〕休の日だった。

(9) 動物をじっくりかん〔　〕察して、一日をすごした。

(10) 頭をかいたのは、てれ〔　〕ていたからだった。

## 3 次の言葉を、送りがなもふくめて漢字で書きなさい。(20点／一つ1点)

(1) さいしょ〔　〕
(2) えいよう〔　〕
(3) いんさつ〔　〕
(4) かいぎ〔　〕
(5) さんこう〔　〕
(6) つめたい〔　〕
(7) くわえる〔　〕
(8) ねがう〔　〕
(9) かならず〔　〕
(10) わかれる〔　〕
(11) はなたば〔　〕
(12) よこぶえ〔　〕
(13) だいず〔　〕
(14) はんけい〔　〕
(15) なかま〔　〕
(16) しゅくだい〔　〕
(17) あらためる〔　〕
(18) ひつじ〔　〕
(19) なふだ〔　〕
(20) なく〔　〕

## 4 次の言葉を漢字で書きなさい。(16点／一つ2点)

(1) くんれん〔　〕
(2) もくひょう〔　〕
(3) しぜん〔　〕
(4) へんか〔　〕
(5) けんこう〔　〕
(6) ぶんるい〔　〕
(7) はったつ〔　〕
(8) きろく〔　〕

## 5 次の——線のかたかなを漢字に直し、送りがながつくものは、送りがなもつけて書きなさい。(32点／一つ2点)

(1) 学校から家にカエル〔　〕。
(2) 家にはウメ〔　〕の木がある。
(3) 学校にイソイデ〔　〕行く。
(4) のどがかわいたので、水をノム〔　〕。
(5) かんづめ工場でハタラク〔　〕。
(6) カナシイ〔　〕事けんが起こる。
(7) かい決《けっ》の道すじをアラタメル〔　〕。
(8) 駅までの時間をハカル〔　〕。
(9) たき火の火をケス〔　〕。
(10) 弟と公園でアソブ〔　〕。
(11) 明日はハレル〔　〕だろう。
(12) 学校を休むことを先生にツタエル〔　〕。
(13) ありのス〔　〕を見つける。
(14) シタシイ〔　〕友達と会う。
(15) 勝負にヤブレル〔　〕。
(16) 朝早く目をサマス〔　〕。

# 3 漢字の組み立てと漢字辞典《じてん》の使い方

**学習のねらい**
筆順《ひつじゅん》・部首・画数を理解《りかい》します。筆順は漢字を覚《おぼ》えるのに大切です。部首は七種類《しゅるい》に分けられ、漢字の構成《こうせい》のもとになります。

月　日

答え➡別さつ4ページ

## ステップ1

**1** [部首] 次の部分に共通《きょうつう》の部首をつけると、それぞれ漢字になります。その漢字を書きなさい。

(1) 才・し・交　□・□・□

(2) 昔・更・立　□・□・□

(3) 巽・車・幸　□・□・□

(4) 川・原・是　□・□・□

(5) 古・口・玉　□・□・□

(6) 果・川・義　□・□・□

(7) 元・呂・佰　□・□・□

**2** [画数] 次の漢字と画数が同じものをあとの[　]から選《えら》んで、二つずつ書きなさい。

(1) 争　□・□

(2) 帯　□・□

(3) 包　□・□

(4) 旗　□・□

(5) 顔　□・□

庭　礼　鼻　病　観
皮　曜　印　成　管

**3** [漢字の組み立て] 次のばらばらになった漢字を、正しい形に直して書きなさい。

(1) 女・力・又 □

(2) 示・夕・宀・又 □

(3) 阝・儿・土・土 □

(4) 口・口・口・口・大 □

**4** [筆順《ひつじゅん》] 次の漢字の筆順で、正しいほうに○をつけなさい。

(1) 要
ア（　）一 冂 冂 襾 西 覀 要 要
イ（　）一 丅 亓 襾 西 覀 要 要

(2) 飛
ア（　）乁 飞 飞 飛 飛
イ（　）乁 飞 飞 飛 飛

(3) 無
ア（　）丿 𠂉 𠂉 午 無 無 無 無
イ（　）𠂉 午 無 無 無 無 無

**5** [漢字の画] 次の漢字は、正しい形から一画足りないものになっています。それぞれ一画ずつ書き入れて直しなさい。

(1) 静　(2) 械

(3) 博　(4) 老

(5) 低　(6) 満

**6** [画数] 次の漢字の総画数《そうかくすう》を、漢数字で書きなさい。

(1) 建（　）画　(2) 求（　）画

(3) 成（　）画　(4) 服（　）画

(5) 祝（　）画　(6) 孫（　）画

(7) 候（　）画　(8) 約（　）画

# ステップ2

月　日

時間30分　合かく80点　とく点　点

答え➡別さつ4ページ

**1** 次の漢字の赤字のところは、何画目に書きますか。数字で書きなさい。（10点／一つ1点）

(1) 植〔　〕 (2) 路〔　〕 (3) 緑〔　〕 (4) 感〔　〕
(5) 福〔　〕 (6) 表〔　〕 (7) 管〔　〕 (8) 都〔　〕
(9) 写〔　〕 (10) 帳〔　〕

**2** 次の漢字の総画数《そうかくすう》を、漢数字で書きなさい。（9点／一つ1点）

(1) 挙〔　〕 (2) 印〔　〕 (3) 覚〔　〕
(4) 改〔　〕 (5) 案〔　〕 (6) 灯〔　〕
(7) 童〔　〕 (8) 郡〔　〕 (9) 医〔　〕

**3** 次の漢字の部首を〔　〕に、部首名を（　）に書きなさい。（10点／一つ1点）

(1) 宮〔　〕（　） (2) 度〔　〕（　）
(3) 湖〔　〕（　） (4) 遊〔　〕（　）
(5) 別〔　〕（　） (6) 畑〔　〕（　）
(7) 牧〔　〕（　） (8) 薬〔　〕（　）
(9) 思〔　〕（　） (10) 徒〔　〕（　）

**4** 次の漢字には、文字の形や点画のあやまっている部分があります。その部分を直して、正しく書きなさい。（6点／一つ3点）

(1) 歯 □
(2) 飯 □

〔広島大附属東雲中—改〕

**5** 次のそれぞれの問いに答えなさい。

(1) 次の漢字の部首は何ですか。例にならって書きなさい。（5点／一つ1点）

例 松〔きへん〕

① 道〔　〕 ② 開〔　〕
③ 服〔　〕 ④ 集〔　〕
⑤ 者〔　〕

(2) 次の漢字の総画数を、例にならって書きなさい。（5点／一つ1点）

例 高〔十〕

① 学〔　〕 ② 勉〔　〕 ③ 陽〔　〕
④ 通〔　〕 ⑤ 飛〔　〕

〔松蔭中—改〕

**6** 漢字辞典《じてん》の引き方について、次の〔　〕にあてはまる言葉をあとから選《えら》んで、記号で答えなさい。(9点／一つ3点)

(1) 部首引き→漢字の〔　〕がわかっている場合で、その〔　〕を数えて調べる。

(2) 音訓《おんくん》引き→漢字の〔　〕がわかっている場合で、〔　〕順《じゅん》にならべてある中から調べる。

(3) 総画引き→漢字の〔　〕も〔　〕もわからない場合で、〔　〕を数えて調べる。

ア 総画数　イ 読み　ウ 部首
エ 五十音　オ 画数

**7** 漢字辞典で「階」という漢字を調べるとき、次の三つの引き方について答えなさい。(6点／一つ2点)

(1) 部首さく引で調べる場合、何という部首でさがしますか。部首名をひらがなで書きなさい。〔　〕

(2) 音訓さく引で調べる場合、何という読みでさがしますか。その読みをひらがなで書きなさい。〔　〕

(3) 総画さく引で調べる場合、何画のところでさがしますか。漢数字で答えなさい。〔　〕

**8** 次の漢字の部首の画数を、漢数字で書きなさい。(12点／一つ1点)

(1) 英〔　〕 (2) 屋〔　〕 (3) 旗〔　〕 (4) 管〔　〕
(5) 塩〔　〕 (6) 億〔　〕 (7) 議〔　〕 (8) 貨〔　〕
(9) 続〔　〕 (10) 念〔　〕 (11) 辞〔　〕 (12) 秋〔　〕

**9** 次の漢字の総画数を、漢数字で書きなさい。(12点／一つ1点)

(1) 果〔　〕 (2) 訓〔　〕 (3) 児〔　〕 (4) 祝〔　〕
(5) 特〔　〕 (6) 械〔　〕 (7) 未〔　〕 (8) 無〔　〕
(9) 弓〔　〕 (10) 羽〔　〕 (11) 好〔　〕 (12) 連〔　〕

**10** 次の漢字の音読み(かたかな)は右に、訓読み(ひらがな)は左に書きなさい。また、送りがなには――線を引きなさい。(16点／一つ2点)

(1) 〔　〕旗〔　〕 (2) 〔　〕好〔　〕 (3) 〔　〕周〔　〕 (4) 〔　〕養〔　〕
(5) 〔　〕選〔　〕 (6) 〔　〕低〔　〕 (7) 〔　〕働〔　〕 (8) 〔　〕別〔　〕

STEP 3

# ステップ 3

1〜3

月　日

答え➡別さつ5ページ

時間 30分
合かく 80点
とく点　点

**1** 次の漢字の読み方を書きなさい。（15点／一つ3点）

(1) 漢字辞典〔　　〕
(2) 南極大陸〔　　〕
(3) 遠洋漁業〔　　〕
(4) 植物観察〔　　〕
(5) 望遠鏡〔　　〕

**2** 次の（　）に読み方を書き、音読みは1、訓《くん》読みは2、音訓まじったものは3と〔　〕に書きなさい。（12点／一つ3点）

(1) 岩石（　）〔　〕
岩山（　）〔　〕
(2) 種類（　）〔　〕
菜種（　）〔　〕
(3) 道順（　）〔　〕
順番（　）〔　〕
(4) 名札（　）〔　〕
札束（　）〔　〕

**3** 次の漢字は、訓読みが二通りか三通りあります。送りがながあるものは送りがなをふくむ読み方を書きなさい。（19点／一つ1点）

(1) 苦〔　〕〔　〕
(2) 通〔　〕〔　〕
(3) 治〔　〕〔　〕
(4) 覚〔　〕〔　〕
(5) 重〔　〕〔　〕
(6) 表〔　〕〔　〕
(7) 後〔　〕〔　〕〔　〕
(8) 好〔　〕〔　〕
(9) 消〔　〕〔　〕

**4** 次の——線のひらがなを、漢字で書きなさい。また、送りがなのあるものは、送りがなも書きなさい。（16点／一つ1点）

(1) 〔きょうりょく〕できないのが〔ざんねん〕だ。
(2) 〔しゅつりょう〕に〔ひつよう〕な物を船に〔つみこむ〕。
(3) 言葉を〔ほうげん〕と〔きょうつうご〕に〔ぶんるい〕する。
(4) 辞典を〔りよう〕して、言葉の〔いみ〕を〔しらべる〕。
(5) 〔しっぱい〕は〔せいこう〕のもとだ。
(6) 〔しろ〕の〔まわり〕に木を〔うえる〕。

**5** 次の——線の漢字の読み方を、あとの表に音・訓を区《く》別《べつ》して、ひらがなで書きなさい。(13点／一つ1点)

・①散歩していて、木の②芽が出かけているのを見た。
・時間がなかったので、③改めてお④願いに行こう。
・⑤円い⑥鏡で日光を反しゃさせた。
・⑦広場でみんなで⑧遊んだ。
・おじいさんが、⑨孫に⑩戦⑪争の話をしていた。
・外国から小⑫包がとどいたので、急いで⑬開けた。

| | 音 | 訓 |
|---|---|---|
| ① | | |
| ② | | |
| ③ | | |
| ④ | | |
| ⑤ | | |
| ⑥ | | |
| ⑦ | | |
| ⑧ | | |
| ⑨ | | |
| ⑩ | | |
| ⑪ | | |
| ⑫ | | |
| ⑬ | | |

**6** 次の漢字の部首が、「へん」にはア、「かんむり」にはイ、「にょう」にはウ、「たれ」にはエと書きなさい。(10点／一つ1点)

(1) 写〔　〕 (2) 府〔　〕 (3) 族〔　〕 (4) 節〔　〕
(5) 秋〔　〕 (6) 鏡〔　〕 (7) 広〔　〕 (8) 病〔　〕
(9) 選〔　〕 (10) 建〔　〕

**7** 次の漢字の筆順《ひつじゅん》で、正しいほうの記号に○をつけなさい。(15点／一つ1点)

(1) 州 ア リ 少 州 州　イ 丿 川 州 州
(2) 最 ア 旦 早 最 最　イ 旦 昇 最 最
(3) 械 ア 木 杙 械 械　イ 木 杧 械 械
(4) 漢 ア 氵 泮 渲 漢　イ 氵 泮 渼 漢
(5) 念 ア 𠆢 今 今 念 念　イ 𠆢 今 今 念 念
(6) 変 ア 亠 亣 亦 变 変　イ 亠 六 亦 变 変
(7) 節 ア 𥫗 笻 節 節　イ 𥫗 笻 節 節
(8) 健 ア 亻 仴 伊 健 健　イ 亻 伊 律 健 健
(9) 養 ア 䒑 𦍌 养 養　イ 䒑 𦍌 养 養
(10) 世 ア 一 廿 廿 世　イ 11 凵 世
(11) 調 ア 言 訂 訶 調　イ 言 訂 訶 調
(12) 有 ア ノ ナ 有 有　イ 一 ナ 有 有
(13) 祭 ア タ 夕 癶 祭 祭　イ タ 夕 癶 祭 祭
(14) 式 ア 一 弋 式 式　イ 一 ヨ 式 式
(15) 女 ア く 女 女　イ 一 𠂇 女

# 4 いろいろな言葉

**学習のねらい**

むずかしい言葉の意味や、反対語などを理解《りかい》します。語句《ごく》は、文の中での使われ方にも注意して意味を判断《はんだん》していきます。

月　日

答え⬇別さつ6ページ

## ステップ1

**1** ［反対語］次の漢字と反対の意味を持つ漢字を、あとから選《えら》んで書きなさい。

(1) 低〔　　〕　(2) 暑〔　　〕

(3) 浅〔　　〕　(4) 熱〔　　〕

(5) 売〔　　〕　(6) 曲〔　　〕

冷　高　深　寒　買　直

**2** ［反対語］次の言葉と反対の意味を持つ言葉を、あとから選んで書きなさい。

(1) 一様〔　　〕　(2) 長所〔　　〕

(3) 心配〔　　〕　(4) 勝利《しょうり》〔　　〕

(5) 強大〔　　〕　(6) 失敗〔　　〕

弱小　多様　成功《せいこう》　敗北《はいぼく》　短所　安心

**3** ［反対語］次の言葉と反対の意味を持つ言葉を、あとから選んで書きなさい。

(1) あたえる〔　　〕　(2) ふとい〔　　〕

(3) ふやす〔　　〕　(4) あわい〔　　〕

(5) はじまる〔　　〕　(6) わかれる〔　　〕

(7) にくむ〔　　〕　(8) すてる〔　　〕

こい　へらす　うばう　あう

ひろう　ほそい　おわる　あいする

**4** [同義語《どうぎご》] 次の言葉とほとんど同じ意味の言葉を、あとから選んで書きなさい。

(1) 口調 〔　〕
(2) 原料《げんりょう》 〔　〕
(3) 家臣《かしん》 〔　〕
(4) 向上 〔　〕
(5) 学習 〔　〕
(6) 書類《しょるい》 〔　〕

進歩　語気　家来《けらい》　文書　材料《ざいりょう》　勉強

**5** [たとえる言葉] 次の言葉は、あとのどの語をたとえる言葉ですか。記号で答えなさい。

(1) りんごのような 〔　〕
(2) もみじのような 〔　〕
(3) かみなりのような 〔　〕
(4) 三日月のような 〔　〕
(5) 山のような 〔　〕
(6) はりがねのような 〔　〕

**ア** 寺　**イ** まゆ　**ウ** ひげ
**エ** 荷物　**オ** 手　**カ** ほお
**キ** うで　**ク** 歌　**ケ** 声

---

**6** [打ち消しの言葉] 次の言葉の□に「不・無・未」のどれかを入れて熟語《じゅくご》を完成《かんせい》させ、その意味をあとから選んで、記号で答えなさい。

(1) □満 〔　〕
(2) □口 〔　〕
(3) □運 〔　〕
(4) □理 〔　〕
(5) □名 〔　〕
(6) □念 〔　〕
(7) □定 〔　〕
(8) □実 〔　〕

**ア** くやしいこと。残念《ざんねん》。
**イ** むずかしいこと。
**ウ** 物足りないこと。
**エ** 有名でないこと。
**オ** あまりしゃべらないこと。
**カ** つみとなる事実がないこと。
**キ** 運が悪いこと。
**ク** まだ決まらないこと。

# STEP 2 ステップ2



重要

**1** 次の漢字と反対の意味の漢字を組み合わせて、熟語《じゅくご》を完成《かんせい》させなさい。(16点／一つ2点)

(1) 黒□　(2) 海□　(3) 出□
(4) 心□　(5) 長□　(6) 強□
(7) 利□　(8) 売□

**2** 次の言葉について、同じような意味の言葉を下から選《えら》んで、記号に○をつけなさい。(12点／一つ2点)

(1) ありさま ｛ア たいへん　イ すぐさま　ウ ようす　エ 姉さま　オ けれども｝

(2) たぶん ｛ア しばらく　イ たくさん　ウ けっして　エ おそらく　オ そして｝

(3) うっすら ｛ア めいめい　イ いちいち　ウ おのおの　エ まちまち　オ ほんのり｝

(4) ずいぶん ｛ア なにぶん　イ さかんに　ウ とても　エ 少し　オ たぶん｝

(5) あわれ ｛ア あいだ　イ あれること　ウ おろか　エ かわいそう　オ いいかげん｝

(6) いきなり ｛ア おこる　イ いきつぎ　ウ いのち　エ 急に、とつぜん　オ しばらく｝

**3** 次の五つの言葉の中に、二つだけなかまになる言葉があります。その記号に○をつけなさい。(20点／一つ2点)

(1) ア 病人　イ 道具　ウ 公害《こうがい》　エ 家具　オ 汽車
(2) ア 億《おく》　イ 姉　ウ 服　エ 湖　オ 兆《ちょう》
(3) ア 日光　イ 産業《さんぎょう》　ウ 昨日《きのう》　エ 明日　オ 体温
(4) ア 少年　イ 昨年《さくねん》　ウ 少女　エ 海岸　オ 学年
(5) ア 学校　イ 教室　ウ 学園　エ 運動　オ 天地
(6) ア 人間　イ 動物　ウ 兄弟　エ 品物　オ 姉妹
(7) ア 京都　イ 首都　ウ 首相《しゅしょう》　エ 相談　オ 大臣《だいじん》
(8) ア 鉄道　イ 旅館　ウ 観光《かんこう》　エ 宿屋　オ 土産《みやげ》
(9) ア 勝つ　イ 立つ　ウ 敗《やぶ》れる　エ 拾う　オ 泣《な》く
(10) ア 体験《たいけん》　イ 体温　ウ 経験《けいけん》　エ 試験《しけん》　オ 試合

重要

**4** 次の――線の言葉はどんな意味で使われていますか。あとから選んで、記号で答えなさい。(8点／一つ2点)

(1) 友達《ともだち》の悪い言葉づかいに、まゆをひそめた。〔　　〕
ア 頭がいたくなって、顔をしかめる。
イ ふゆかいな感じがして、顔をしかめる。

(2) 約束《やくそく》を守らないと、顔がまるつぶれになる。〔　　〕

ア 顔に大けがをする。

イ ふめいよなことになる。

(3) かんとくの目にとまるプレーだった。〔　　〕

ア みとめられること。

イ 目の前で止まること。

(4) 屋上から見下ろすと、足がすくんだ。〔　　〕

ア 足を曲げてすわる。

イ こわくて動けなくなる。

**5** 次の〔　〕に、〈　〉の意味を表す言葉を書きなさい。（12点／一つ2点）

(1) テストの点がいつも妹より悪いので、〔　　〕がせまい。〈はずかしい〉

(2) コロンブスは、アメリカ大陸《たいりく》を〔　　〕した。〈いちばん初《はじ》めに見つける〉

(3) ラジオの天気予ほうによると、また明日も雨がふる〔　　〕。〈はっきりはわからないが、人から聞いたことを言う〉

(4) 今日も雨が〔　　〕と、ふっていました。〈雨がはげしくふる様子〉

(5) 春子さんは、根気よく、あさがおの〔　　〕を続《つづ》けました。〈くわしく見る、よく見る〉

(6) 弟には〔　　〕がかかる。〈世話がやける〉

**6** 次の言葉の反対語を書きなさい。（12点／一つ1点）

(1) 少数〔　　〕 (2) 下品〔　　〕 (3) おそい〔　　〕

(4) 昼〔　　〕 (5) 下校〔　　〕 (6) 卒業《そつぎょう》〔　　〕

(7) 市内〔　　〕 (8) 平和〔　　〕 (9) 集まる〔　　〕

(10) 泣《な》く〔　　〕 (11) 勝利《しょうり》〔　　〕 (12) 楽しみ〔　　〕

**7** 次の〔　〕に入る言葉をあとから選んで、記号で答えなさい。（20点／一つ5点）

(1) だれにも負けないと自分で思いこんでいた吉田《よしだ》君は、思いがけぬ強敵《きょうてき》が現《あらわ》れて〔　　〕であった。

(2) いきおいよく飛《と》んできたボールが顔に当たった上村君は、ばたりとたおれ、やがて立ち上がって〔　　〕と歩いた。

(3) まったく身におぼえのないことが言いふらされているのを知った山本君は、〔　　〕とふるえながらうったえた。

(4) 相手に知られたくないかくしごとをしていると、その相手との話し合いもどこか〔　　〕したものになる。

ア じたばた　イ わなわな　ウ たじたじ

エ ぬけぬけ　オ へとへと　カ ぎくしゃく

キ がくがく　ク よろよろ

〔愛光中〕

# 5 言葉の意味

学習のねらい

言葉の意味、ことわざ・慣用句《かんようく》の理解《りかい》です。漢字で表された言葉の意味を、熟語《じゅくご》もふくめて考えます。また、使い方によっても意味が変《か》わります。

月　日

答え⬇別さつ7ページ

## ステップ1

**1** [漢字一字の意味] 次の〔　〕にあてはまる言葉を、あとから選《えら》んで書きなさい。

(1) 〔　〕にかじりついてでも、初《はじ》めに決めたことは、やりぬこう。

(2) 青木君は、〔　〕をわったような、せいかくです。

(3) いきづまったときは、ときには運を〔　〕にまかせて、なりゆきを見守ることも必要《ひつよう》だ。

(4) さとし君を見ていると、学級会の司会《しかい》をするすがたが、〔　〕についてきた。

(5) 今日の試合《しあい》はかんたんに勝てると〔　〕をくくっていたのが、負けた原いんです。

(6) 昨日《きのう》は少しはめを〔　〕してしまい、はずかしいところを見せてしまいました。

竹　高　石　板　外　天　春　山

**2** [言葉の意味] 次の〔　〕にあてはまる言葉を、あとから選んで書きなさい。

(1) うっかり口を〔　〕、言ってはならないことを言ってしまって、こうかいしています。

(2) まるで〔　〕の前の静《しず》けさのように、不気《ぶき》味《み》な時間が流れていた。

(3) 苦しいときの〔　〕だのみとばかりに、ぼくはいのった。

(4) 弟のたのみを、わたしはふたつ〔　〕で引き受けた。

(5) どうくつのたんけんに行くので、〔　〕の注意をはらって、計画を立てます。

(6) いつも、ごはんは〔　〕あります。

(7) 卒業生《そつぎょうせい》へおくる〔　〕の言葉を、みんなで考えました。

返事　すべらせて　はなむけ
細心　たっぷり　神　あらし

**3** 〔言葉の意味〕 次の意味で使われている例文《れいぶん》を選んで、記号で答えなさい。

(1) 手→「人数」の意味 〔　〕

ア 仕事が多くて、わたしたちだけでは手が足りない。

イ いろいろやってみたが、もうつくす手がない。

ウ そんなときには、とっておきの、あの手を使えばいいのです。

(2) はずむ→「うれしくなる」の意味 〔　〕

ア 父は、進級祝《いわ》いに、グローブをはずんでくれた。

イ 国語のテストが百点だったので、心がはずんだ。

ウ はずむボールは、なかなかとれない。

(3) うで→「うでまえ」の意味 〔　〕

ア 広川君は、習字のうでをずいぶん上げた。

イ おじさんのうでは、とても太い。

ウ 先生は、さっきからずっとうでを組んで考えたままだ。

(4) 晴れる→「さわやかになる」の意味 〔　〕

ア 今日は雨がふっているが、明日は晴れるだろう。

イ 晴れのぶ台《たい》で、わたしはジュリエットをえんじた。

ウ 母の病気が治《なお》れば、心も晴れるだろう。

---

**4** 〔言葉の意味〕 次の――線の言葉の意味をあとから選んで、記号で答えなさい。

(1) 三人は同じ宿にとまりました。 〔　〕

(2) 汽車がガタンといってとまりました。 〔　〕

(3) おなかのいたみが、とまりました。 〔　〕

(4) すずめが竹にとまりました。 〔　〕

ア 動かなくなる　イ しなくなる　ウ ねる

エ ものにつかまって休む

**5** 〔ことわざ〕 次の〔　〕にあてはまる言葉をあとから選んで、記号で答えなさい。

(1) 良薬《りょうやく》は〔　〕ににがし　(2) 言わぬが〔　〕

(3) さるも〔　〕から落ちる

(4) ちりもつもれば〔　〕となる

ア あと　イ のど　ウ 谷　エ 花　オ 口

カ 山　キ 村　ク 木

**6** 〔慣用句《かんようく》〕 次の言葉の意味を選んで、記号に○をつけなさい。

(1) 鼻にかける〔ア めがね　イ じまんする　ウ くやしい〕

(2) 手をやく〔ア やけど　イ こまる　ウ かんたん〕

(3) 目が回る〔ア いそがしい　イ 苦しい　ウ 楽しい〕

(4) 頭がさがる〔ア 礼をする　イ 感心する　ウ うなずく〕

(5) むねがおどる〔ア 安心する　イ どきどきする　ウ うきうきする〕

# ステップ2

月　日

時間30分　合かく80点　とく点　点

答え⬇別さつ8ページ

**1** 次の――線の言葉は、どんな意味で使っていますか。その意味を書きなさい。(15点／一つ5点)

(1)
**ア** 新しい家をたてる。〔　　〕
**イ** うわさをたてる。〔　　〕

(2)
**ア** 草花に水をかける。〔　　〕
**イ** ぬれた服をさおにかける。〔　　〕

(3)
**ア** 日記をつける。〔　　〕
**イ** はん人のあとをつける。〔　　〕

**2** 次の言葉の意味をあとから選《えら》んで、記号で答えなさい。(20点／一つ5点)

(1) 竹馬《ちくば》の友〔　　〕　(2) 五十歩百歩〔　　〕
(3) 背水《はいすい》の陣《じん》〔　　〕　(4) 漁夫《ぎょふ》の利《り》〔　　〕

**ア** 死にものぐるいで、全力をつくすこと。
**イ** 子どものころに親しくしていた友達《ともだち》。
**ウ** 第三者が利益《りえき》を横取りすること。
**エ** たいして変《か》わりがないこと。
**オ** 相手を見下したような言動をとること。
**カ** 年老《お》いても人生にじょう熱《ねつ》をもって向かうこと。

重要

**3** 次の言葉は、体の一部分を使った慣用句《かんようく》です。その意味をあとから選んで、記号で答えなさい。(24点／一つ3点)

(1) 手におえない〔　　〕　(2) のどが鳴る〔　　〕
(3) 耳が早い〔　　〕　(4) 足が出る〔　　〕
(5) 首をひねる〔　　〕　(6) したをまく〔　　〕
(7) むねを打つ〔　　〕　(8) はらが立つ〔　　〕

**ア** 食べたくてしかたがない。
**イ** もてあます。
**ウ** 人より早く聞きつける。
**エ** しゃくにさわる。
**オ** お金が足りなくなる。
**カ** おどろく。
**キ** いろいろと考える。
**ク** 強く心を動かされる。
**ケ** 急にさびしくなる。
**コ** 人の目につかないようにする。

**4** 次の――線「せる」と同じ使い方のものをあとから選んで、記号で答えなさい。（12点／一つ3点）

(1) 父は、犬を走らせる訓練《くんれん》をしています。〔　〕

(2) ぼくは飛《と》び箱の四だんが、飛びこせるようになりました。〔　〕

(3) 「それくらいなら、あなたにも直せるわよ。」と母が言いました。〔　〕

(4) にわとりにたまごを生ませるには、よいえさをあたえなくてはなりません。〔　〕

ア ぼくはなんでも話せる。　イ 弟に書かせる。

**5** 次の□に入る一字をそれぞれ（　）内から選んで、それを適当《てきとう》な漢字に直して書きなさい。（20点／一つ4点）

(1) くよくよと□に病《や》む。（い・き・て・み・め）

(2) □を吹《ふ》いて疵《きず》を求《もと》める。（え・お・き・け・ち）

(3) 人の口に□は立てられない。（お・き・せ・と・な）

(4) 憂《う》き□を見る。（え・め・や・ろ・わ）

(5) 名声が□に落ちる。（し・ち・て・ひ・ふ）

〔攻玉中〕

---

**6** 次の文の――線の言葉の意味にふさわしいものを選んで、記号で答えなさい。（9点／一つ3点）

(1) ぼんやりしているように見えて実は、よく要領《ようりょう》を得《え》ている。〔　〕

ア 周囲《しゅうい》の状況《じょうきょう》を観察《かんさつ》する

イ 相手の気持ちをおもいやる

ウ すきのない動きを身につける

エ 大事な点を理解《りかい》する

(2) 勉強でおくれを取る。〔　〕

ア わからなくなってしまうこと

イ 相手に負けてしまうこと

ウ のんびりしてしまうこと

エ はじをかいてしまうこと

(3) ヘチマ水を申し訳程度《わけていど》にすりつける以外、何の手入れもしなかった。〔　〕

ア はずかしくなるくらいに

イ おおげさなくらいに

ウ 格好《かっこう》だけとるくらいに

エ 情《なさ》けなくなるくらいに

〔武蔵野女子学院中〕

# 6 熟《じゅく》語《ご》

**学習のねらい**

二つ以上の言葉や漢字が組み合わさったものが熟語です。どのように組み合わさっているのか、それが、どういう意味を持っているのかを理解《りかい》しましょう。

月　日

答え⬇別さつ8ページ

## STEP 1 ステップ1

**1** 〔熟語《じゅくご》の組み立て〕次の熟語の組み立てをあとから選《えら》んで、記号で答えなさい。

(1) 年々〔　〕　(2) 不足《ふそく》〔　〕　(3) 着席《ちゃくせき》〔　〕

(4) 大小〔　〕　(5) 強弱〔　〕　(6) 回転〔　〕

(7) 悪役〔　〕　(8) 無害《むがい》〔　〕　(9) 読書〔　〕

(10) 高温〔　〕　(11) 生産《せいさん》〔　〕　(12) 晴天〔　〕

(13) 親友〔　〕　(14) 登山〔　〕　(15) 国有〔　〕

**ア** 意味がにている。
**イ** 反対の意味。
**ウ** 下の語を説明《せつめい》する。
**エ** 打ち消しの意味。
**オ** 下の語から上の語へつなげる。
**カ** 同じ語を重ねる。
**キ** 下の語が述語《じゅつご》になる。

**2** 〔熟語を作る〕次の□に反対の意味の漢字を一字入れて、二字の熟語を作りなさい。

(1) □戦《せん》　(2) 利《り》□

(3) □楽　(4) 南□

(5) □子　(6) 高□

(7) □散《さん》　(8) 売□

(9) □負　(10) 前□

**3** 〔熟語を作る〕次の読みになるように、□に漢字一字を入れて、意味のちがう熟語を二つ作りなさい。

(1) かじ……□事・□事

(2) きかん……気□・機□

(3) りょうしん……□親・□心

(4) きたい……□体・□体

(5) げんし……原□・原□

(6) きかい……機□・機□

**4** 〔似た組み合わせの熟語〕 次の漢字の中から似た意味の漢字を組み合わせて、二字の熟語を三つ作りなさい。

| | | | | |
|---|---|---|---|---|
| 地 | 転 | 遊 | 運 | 道 |
| 習 | 路 | 回 | 学 | 人 |

□□・□□・□□

**5** 〔しりとり熟語〕 スタートからゴールまでの、二字の熟語のしりとりです。□にあてはまる漢字を、あとから選んで書きなさい。

〔スタート〕 花 → 火 → □ → 実 → 行 → □ → □ → 道 → □ → □ → 室 〔ゴール〕

| | | | | |
|---|---|---|---|---|
| 進 | 中 | 歩 | 事 | 和 |

**6** 〔熟語の意味〕 次の熟語の意味を選んで、記号で答えなさい。

(1) 合点〔　〕　(2) 正念場《しょうねんば》〔　〕

(3) 下《げ》馬《ば》評《ひょう》〔　〕　(4) 紅一点《こういってん》〔　〕

(5) 一日千秋《いちじつせんしゅう》〔　〕　(6) 言語《ごんご》道断《どうだん》〔　〕

ア 第三者があれやこれやと行う評判《ひょうばん》のこと。

イ 言うにたえない、もってのほかだという意味。

ウ よろしい、承知《しょうち》したという意味。

エ 同じようなものの中で、一つだけちがうもの。

オ きわめて大事な場面という意味。

カ 待ち遠しくて、一日がとても長く感じられること。

**7** 〔四字熟語〕 次の意味に合う言葉になるように（　）の中の漢字をならべかえて、正しい四字熟語を完成《かんせい》させなさい。

(1) 人の意見などを気にとめず聞き流すこと。
（耳・東・馬・風）→□□□□

(2) かくしだてをしないで、正しいこと。
（大・公・正・明）→□□□□

(3) いなびかりのように、動作がひじょうに速いこと。
（電・石・火・光）→□□□□

(4) 名まえばかりで、中身がともなわないこと。
（名・実・有・無）→□□□□

# STEP 2 ステップ2

時間 30分　合かく 80点　とく点 点　月 日

答え➡別さつ9ページ

## 1 次の意味に合う熟語《じゅくご》を、――線でつなぎなさい。(10点／一つ1点)

(1) ものごとのきっかけ、おこり。・　　・回転
(2) くるくると回ること。・　　・動機《どうき》
(3) 景色《けしき》や建物《たてもの》などを見て歩くこと。・　　・観光《かんこう》
(4) 必要《ひつよう》なものを作りだすこと。・　　・画家
(5) 絵をかくことを仕事にしている人。・　　・生産《せいさん》
(6) つめたいみず。・　　・教訓《きょうくん》
(7) まちなかにつけたあかり。・　　・勇気《ゆうき》
(8) おしえさとすこと。いましめ。・　　・副食《ふくしょく》
(9) 主食にそえて食べるもの。・　　・冷水《れいすい》
(10) いさましい気もち。・　　・街灯《がいとう》

## 2 次の意味の熟語を漢字で書きます。まちがっているほうを――線で消しなさい。(6点／一つ1点)

(1) 心をそのことに集める。(注意・注位)
(2) もちいること。(仕用・使用)
(3) きちんとかたづける。(正理・整理)
(4) ニュースなどを印刷《いんさつ》して配るもの。(新文・新聞)
(5) 小さな病院のこと。(医院・位院)
(6) 物をうる店。(売店・買店)

## 3 次と同じような意味の言葉をあとから選《えら》んで、記号で答えなさい。(12点／一つ2点)

(1) 音信《おんしん》〔　　〕　(2) 電灯《でんとう》〔　　〕　(3) 希望《きぼう》〔　　〕
(4) 決心〔　　〕　(5) 飛行場《ひこうじょう》〔　　〕　(6) 発音〔　　〕

ア 照明《しょうめい》　イ 決意　ウ 消息
エ 願望《がんぼう》　オ 空港　カ 発声

## 重要 4 次の熟語の組み合わせで、反対語の組み合わせには○、同じような意味の組み合わせには△、どちらでもないものには×をつけなさい。(16点／一つ1点)

(1) 有名―無名《むめい》〔　　〕　(2) 自然《しぜん》―天然《てんねん》〔　　〕
(3) 学校―学者〔　　〕　(4) 病院―医院〔　　〕
(5) 方向―方角〔　　〕　(6) 失礼《しつれい》―失敗《しっぱい》〔　　〕
(7) 安心―心配〔　　〕　(8) 屋内―屋上〔　　〕
(9) 夏期―冬期〔　　〕　(10) 火器《かき》―消火〔　　〕
(11) 屋内―屋外〔　　〕　(12) 火薬―売薬〔　　〕
(13) 印刷―配達《はいたつ》〔　　〕　(14) 近所―付近《ふきん》〔　　〕
(15) 下車―乗車〔　　〕　(16) 両親―父母〔　　〕

**5** 次の文の〔　〕には、二字の熟語が入ります。上か下かに、どんな漢字をおぎなえばよいですか。あとから選んで、上か下かに記号を書き入れなさい。（8点／一つ2点）

(1) かれの研究の〔　目　〕は、植物に関《かん》するものだ。
ア 反　イ 標　ウ 録　エ 品

(2) 人には〔　調　〕の心がなければならない。
ア 教　イ 同　ウ 協　エ 節

(3) 式典《しきてん》で〔　祝　〕をのべる用意をする。
ア 辞　イ 日　ウ 礼　エ 束

(4) 努力《どりょく》の〔　果　〕が、はっきりとあらわれる。
ア 実　イ 生　ウ 参　エ 成

**6** 次の上と下の▢の中の漢字を一字ずつ組み合わせて、二字の熟語を十作りなさい。（20点／一つ2点）

| | | | | | |
|---|---|---|---|---|---|
| 反 | 練 | 試 | 勝 | 便 | 合 |
| 差 | 希 | 観 | 活 | 研 | 調 |

| | | | | | |
|---|---|---|---|---|---|
| 唱 | 用 | 省 | 察 | 兆 | 望 |
| 節 | 利 | 別 | 敗 | 験 | 参 |

**7** 次の文の〔　〕には、どの熟語が入りますか。記号に○をつけなさい。（12点／一つ4点）

(1) 今週の〔ア 予定　イ 決定　ウ 予想〕では、木曜日に〔ア 課題《かだい》　イ 会議《かいぎ》　ウ 協同《きょうどう》〕があるはずだ。

(2) この作品が人の心に〔ア 感心　イ 感働《かんどう》　ウ 感動〕をあたえるのは、作者がいっしょうけんめい力をそそいだ〔ア 結果《けっか》　イ 果実　ウ 反省《はんせい》〕にちがいない。

(3) かれに対する〔ア 好意《こうい》　イ 意見　ウ 親切〕は、あまりなかったが、かれがあれほどの事業を〔ア 満足《まんぞく》　イ 信心《しんじん》　ウ 完成《かんせい》〕させたのはりっぱだと思う。

**8** 次の意味になるように▢に漢字一字を入れて、熟語を完成させなさい。（16点／一つ4点）

(1) 工事を始めること。　▢工

(2) なしとげること。　▢成

(3) 音楽をCDにとること。　▢音

(4) ダムの水を流すこと。　▢水

〔愛知淑徳中―改〕

STEP 3

# ステップ3

1～3

月　日

答え⬇別さつ9ページ

時間 30分

合かく 80点

とく点　　点

**1** 次の言葉の意味を選《えら》んで、記号に○をつけなさい。（8点／一つ2点）

(1) 遠ざかる　〔ア 遠い坂のこと。　イ 遠くなっていくということ。〕

(2) われに返る　〔ア ふと、自分に気がつくこと。　イ むちゅうになってすること。〕

(3) とまどう　〔ア 頭の働《はたら》きがにぶくなること。　イ まごついたり、まようこと。〕

(4) じれったい　〔ア 気持ちがいらいらする様子。　イ 待ちくたびれている様子。〕

**2** 次の文中の言葉づかいが、正しいものに○、正しくないものには×をつけ、まちがっている言葉づかいには――線を引きなさい。（10点／一つ2点）

(1) 〔　〕この計算は小学生にはむずかしい。まして、大学生にはできないだろう。

(2) 〔　〕問題集を買ったので、さっそくやってみた。

(3) 〔　〕母は町へ行ったついでに、わざわざぼくの本を買ってきてくれた。

(4) 〔　〕まるで子牛のような、大きな犬でした。

(5) 〔　〕きれいな花がところどころに、ぽつんぽつんといたるところにありました。

重要

**3** 次の□に体に関係《かんけい》のある漢字一字を書き入れ、〔　〕には、その意味をあとから選んで、記号で答えなさい。（18点／一つ2点）

(1) □をぬく〔　〕

(2) □につく〔　〕

(3) □にのる〔　〕

(4) □をつっこむ〔　〕

(5) □にあまる〔　〕

(6) □がつぶれる〔　〕

(7) □が高い〔　〕

(8) □をうたがう〔　〕

(9) □をあらう〔　〕

ア いやになる。　イ やめる。

ウ 信《しん》じられない様子。　エ 関係《かんけい》する。

オ じまんする。　カ だまされる。

キ めんぼくを失《うしな》う。　ク 見ていられない。

ケ やるべきことをやらない。

**4** 次のものをまとめていう言葉を例にならって漢字二字で書きなさい。（12点／一つ4点）

例　ちゃわん・はし・コップ　など。　食器

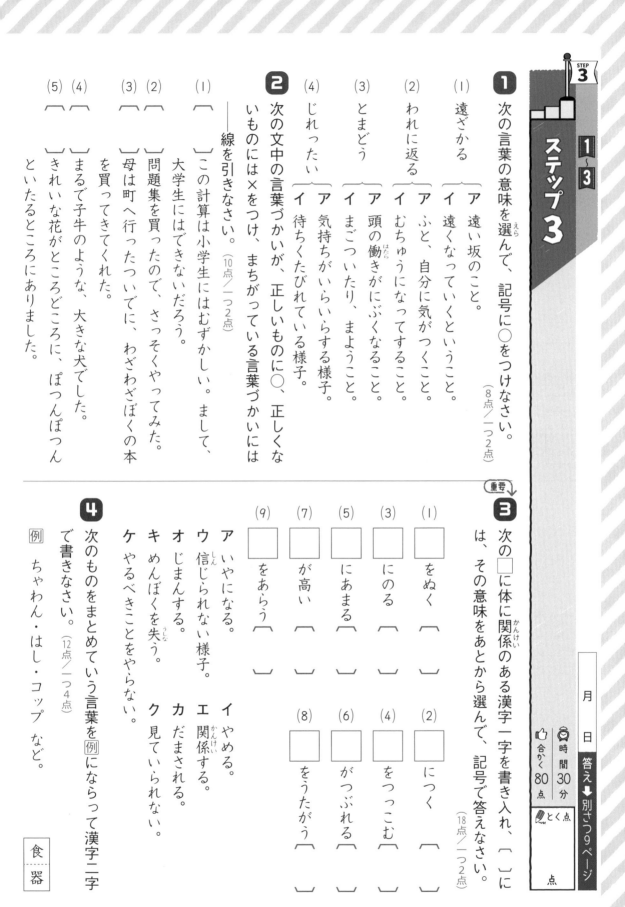

(1) ズボン・ブラウス・くつ下 など。
(2) 国語・社会・体育・音楽 など。
(3) トマト・キャベツ・大根 など。

重要

**5** 次の漢字と反対の意味を持つ漢字をあとから選んで、二字の熟語《じゅくご》を作りなさい。(16点/一つ2点)

(1) 集□　(2) 発□　(3) 動□　(4) 曲□
(5) 軽□　(6) 自□　(7) 始□　(8) 内□

他　重　終　散　着　直　外　静

**6** 次の熟語の同義語《どうぎご》(同じ意味の言葉)をあとから選んで、漢字に直して答えなさい。(12点/一つ3点)

(1) 冷静《れいせい》〔　　〕　(2) 勝負〔　　〕
(3) 進歩〔　　〕　(4) 上等〔　　〕

きげん　へいぜん　こうじょう　きょうそう
しょうひ　こうきゅう　はつめい　ようてん

〔女子美術大付中―改〕

**7** 次の文の――線部のかたかなを漢字に直したものをあとから選んで、記号で答えなさい。(12点/一つ4点)

(1)〔　　〕(2)〔　　〕(3)〔　　〕

(1) かれのお父さんはショウセツ家だ。
ア 章節　イ 小説　ウ 章説　エ 小節

(2) 父は長年、ウイルスの研究キカンで働いている。
ア 期間　イ 気管　ウ 器官　エ 機関

(3) 記念館のキコウ式には、五十人以上《いじょう》の人が集まった。
ア 気候　イ 機工　ウ 起工　エ 帰港

**8** 次の(1)~(3)の熟語のグループの中で、熟語の組み立て方がちがうものをそれぞれ一つずつ選び、記号で答えなさい。(12点/一つ4点)

(1)〔　　〕(2)〔　　〕(3)〔　　〕

(1) ア 寒冷《かんれい》　イ 急速　ウ 明暗　エ 行進　オ 幸福
(2) ア 乗車　イ 急行　ウ 作文　エ 決心　オ 登山
(3) ア 青空　イ 低音《ていおん》　ウ 美人　エ 他人　オ 年長

〔実践女子学園中―改〕

# 7 言葉の使い方

学習のねらい

「こそあど言葉」が、何を指すのかを見つけます。また、前後の文の意味によって、使われる言葉が決まっている「つなぎ言葉」を、適切《てきせつ》に使います。

月　日

答え➡別さつ10ページ

## ステップ1

**1** ［つなぎ言葉］次の文の〔　〕にあてはまる言葉をあとから選《えら》んで、記号を書き入れなさい（それぞれ一度しか使えません）。

(1) 雨がふった〔　　〕、道がぬかるんでいる。

(2) こんなに風がふく〔　　〕よく来ましたね。

(3) どんなにおし〔　　〕、戸は開かなかった。

(4) 勉強はした〔　　〕、成績《せいせき》はよくなかった。

(5) 算数もできる〔　　〕、国語もできる。

(6) 秋が来る〔　　〕、庭のかきが真っ赤になる。

(7) 足を犬にかまれた。〔　　〕ぼくはなかなかなかった。

(8) 給食《きゅうしょく》当番は、まずパンを配る。〔　　〕ミルクだ。

(9) みさきさんはおしゃべりだ。〔　　〕おせっかいだ。

(10) さっき鳴いていた。今も〔　　〕鳴いている。

**ア** が　**イ** し　**ウ** そのうえ　**エ** まだ　**オ** ので
**カ** のに　**キ** ても　**ク** けれども　**ケ** 次に　**コ** と

**2** ［つなぎ言葉］次の――線の言葉は、つなぎ言葉です。その説明《せつめい》をしている文章の〔　〕の中から適当《てきとう》な言葉を選んで、記号に○をつけなさい。

(1) アシカやオットセイは、ほ乳をするときは、陸《りく》に上がってからします。ところが、カバは、ほ乳は水中で行います。

> 「ところが」というつなぎ言葉は、前の内容《ないよう》からちがう内容へ〔**ア** 変《か》える・**イ** 続《つづ》く・**ウ** まとまる〕働《はたら》きをしています。その中でも、前の内容と〔**ア** 対等の・**イ** 反対の・**ウ** 選ぶ〕内容を表す働きをしています。同じような言葉に、〔**ア** すると・**イ** しかし・**ウ** つまり〕があります。

(2) 雪はふるし、風も強い日でした。

> 「し」は、前のことと後ろのことを〔**ア** ならべて・**イ** 反対に・**ウ** まとめて〕続ける働きをしています。

**3** 〔こそあど言葉〕 次の――線の言葉は、それぞれ何を指していますか。あとから選んで、記号で答えなさい。

(1) 日本の夏ツバキという花にはおもしろい特《とく》ちょうがあります。①それは、花が朝にさいて、夕方には落ちてしまうというものです。そのため、夏ツバキには「はかない美しさ」という花言葉があります。②その木の皮はツルツルしていて、木の高さは十メートルほどになると言われています。

① **ア** 日本　**イ** 夏ツバキ　**ウ** 特ちょう　〔　〕

② **ア** 夏ツバキ　**イ** 美しさ　**ウ** 花言葉　〔　〕

(2) わたしたちがふだんテレビで見ている、30分間くらいの短いアニメでも、①それをつくる人々の仕事は、大《たい》変《へん》なものです。アニメでは、えいぞうを動かす元になる、絵コンテとよばれるせっ計図をかく必要があります。アニメを作る人たちは、②これを何万枚も続《つづ》けてかかなければなりません。

① **ア** わたしたち　**イ** テレビ　**ウ** アニメ　〔　〕

② **ア** えいぞう　**イ** 人たち　**ウ** 絵コンテ　〔　〕

(3) クラゲには、どくばりを持つものと、持たないものの二つがいます。おぼんすぎにふえるアンドンクラゲは前者のため、夏の海では注意が必要《ひつよう》です。①そのはりにさされると、人間でもけがをしてしまうからです。

また、クラゲはプランクトンの一種《いっしゅ》だと考えられています。プランクトンとは、海の流れにさからって泳ぐことのできる力をもたない生物のことです。②これとは別に、水中の流れにさからって泳ぐことのできる魚《ぎょ》類《るい》などは「ネクトン」、海底《かいてい》で生活する貝などは「ベントス」、水面にういて③そこで生活するアメンボなどは「ニューストン」とよばれています。

たしかに、クラゲはふわふわとただよっていることはありますが、力強く泳いでいるすがたは、イメージできませんね。

① **ア** アンドンクラゲ　**イ** 夏　**ウ** 海　〔　〕

② **ア** 海の流れ　**イ** プランクトン　**ウ** 生物　〔　〕

③ **ア** 水中　**イ** 海底　**ウ** 水面　〔　〕

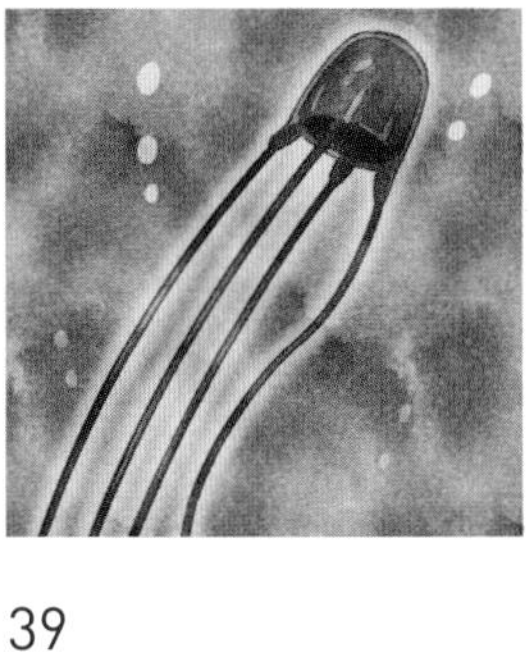

# ステップ2

月　日

時間 30分　合かく 80点　とく点　点

答え⬇別さつ10ページ

**1** 次の文の〔　〕にあてはまる言葉をあとから選《えら》んで、記号を書き入れなさい。（10点／一つ2点）

(1) 歩き〔　〕本を読む。

(2) 形もいい〔　〕、色もいい。

(3) どんなにしかられ〔　〕、やめようとしない。

(4) 何度もあやまった〔　〕、ゆるしてくれない。

(5) 寒い〔　〕上着を着ていこう。

**ア** から　**イ** ても　**ウ** し　**エ** のに　**オ** ながら

**2** 次の〔　〕にあてはまる言葉をあとから選んで、記号を書き入れなさい。（6点／一つ2点）

絵を上手にかくためには、次の順番《じゅんばん》を守りましょう。〔　〕、自分がかきたいものを頭でイメージします。次に、下書きを始めます。空や山などからかくとよいでしょう。〔　〕、細かい部分も続《つづ》けてかいていきます。〔　〕、画面を部分的に見すぎてはいけません。つねに全体のバランスを考えながらかくことがコツです。

**ア** しかし　**イ** そして　**ウ** まず

**3** 次の文の〔　〕に、適当《てきとう》なこそあど言葉を書き入れなさい。（8点／一つ2点）

(1) さあ着きましたよ。〔　〕が目的地《もくてきち》です。

(2) たかし君、けんじ君のそばにならびなさい。そうそう、〔　〕です。

(3) 本がこんなにたくさんあるんだけど、さあて、今日読む本は〔　〕にしようかな。

(4) かくれんぼをしています。みんなは〔　〕にかくれたでしょう。

**4** 次の〔　〕に入る言葉を、あとから選んで書き入れなさい。同じ言葉を何回使ってもかまいません。（20点／一つ2点）

青い海のほとり〔　〕、おじいさん〔　〕おばあさん〔　〕くらしていました。二人〔　〕もう、三十三年〔　〕海のそばの古ぼけた小屋〔　〕住んでいるのでした。おじいさん〔　〕あみで魚〔　〕とり、おばあさん〔　〕一日じゅう糸〔　〕つむいでいました。

を・は・に・と・も・が

**5** 次の文を読んで、正しい文には○、正しくない文には×を書きなさい。（8点／一つ2点）

(1)〔　〕あの子はよく勉強する。だからよく働《はたら》く。

(2)〔　〕おみやげをもらったので、うれしかった。

(3)〔　〕坂道は急である。しかし上るのに苦しい。

(4)〔　〕母がよんだ。そうしてぼくは遊んでいた。

重要 **6** 次の三つの文がつながるように、つなぎ言葉を書きなさい。（12点／一つ6点）

剣道《けんどう》には「礼に始まり、礼に終わる」という言葉があります。相手を思いやる気持ちが大切だということです。①〔　　〕試合《しあい》で勝ったとしても、他のスポーツのようにガッツポーズをしてはいけません。②〔　　〕一本を取った時に、味方のチームの人がおうえんしたり、はくしゅをしたりすることはゆるされています。

重要 **7** 次の文の〔　〕の言葉のうち、まちがっているほうを══線で消しなさい。（12点／一つ3点）

(1) ごめんください。はい、〔どちら・どなた〕ですか。

(2) さっきまで電線にとまっていたつばめは、〔あっち・どっち〕へ飛《と》んでいったのでしょうか。

(3) 向こうから〔こちら・あちら〕へ来るのは、きっと川上君です。

(4) わたしのそばに立っていらっしゃる〔そのかた・このかた〕が、町長さんです。

**8** 次の文の〔　〕にあてはまる言葉をあとから選んで、記号を書き入れなさい（それぞれ一度しか使えません）。（24点／一つ3点）

(1) このままで〔　　〕くさるので冷蔵庫《れいぞうこ》に入れてください。

(2) 冷蔵庫に入れなく〔　　〕くさることはありません。

(3) 冷蔵庫に〔　　〕入れてよく冷《ひ》やしてください。

(4) くさらないようにするためには、冷蔵庫に入れる〔　　〕方法《ほうほう》はありません。

(5) 冷やす〔　　〕ならば、水につける〔　　〕いろいろ方法はあります。

(6) 冷蔵庫に入れて〔　　〕くさることがありますから、注意してください。

(7) 夏〔　　〕冷蔵庫のもっともかつやくする季節《きせつ》です。

**ア** に　**イ** こそ　**ウ** さえ　**エ** も　**オ** だけ

**カ** ほど　**キ** ても　**ク** など　**ケ** は

**コ** でも　**サ** しか

〔甲陽学院中―改〕

# 8 言葉の種類《しゅるい》

学習のねらい

単語の名詞《めいし》・動詞・形容詞《けいようし》とは何か、またどんな働《はたら》きをするのかを理解《りかい》します。助動詞の使い方を学び、さらに、主語・述語《じゅつご》・修飾語《しゅうしょくご》を見つけます。

月　日

答え⬇別さつ11ページ

## STEP 1 ステップ1

**1** [助動詞《じょどうし》] 次の(1)・(2)の文をくらべて、どのようにちがうのかを説明《せつめい》しています。正しいものをあとから一つ選《えら》んで、記号で答えなさい。〔　〕

(1) 今日は、晴れそうだ。
(2) 今日は、晴れるそうだ。

**ア** (1)は、テレビで見て、晴れると言っている。(2)は、人から聞いて、晴れると言っている。
**イ** (1)は、自分で予想を立てている。(2)は、人から聞いて、晴れると言っている。
**ウ** (1)は、テレビで見て、晴れると言っている。(2)は、自分で予想を立てている。

**2** [助詞] 次の――線「の」の意味に合うものをあとから選んで、記号で答えなさい。

(1) わたしの乗ったバス。〔　〕
(2) 中川君の本。〔　〕
(3) この本は、だれのですか。〔　〕

**ア** そのものが、どういうものであるかを示《しめ》す。
**イ** その動作をする人や物を示す。
**ウ** 「もの」「こと」の代わりに言う言葉。

**3** [同じ種類《しゅるい》の言葉] 次のそれぞれの言葉の中に、一つだけちがう種類のものがあります。記号で答えなさい。

(1) **ア** 少女　**イ** 希望《きぼう》　**ウ** おりもの　**エ** あまえる〔　〕
(2) **ア** 大臣《だいじん》　**イ** 考える　**ウ** 売る　**エ** 浴《あ》びる〔　〕
(3) **ア** けわしい　**イ** まずしい　**ウ** さまざまな　**エ** えらい〔　〕
(4) **ア** これ　**イ** きれ　**ウ** それ　**エ** あれ〔　〕
(5) **ア** 春風　**イ** 電車　**ウ** バラ　**エ** 行く〔　〕
(6) **ア** 泣《な》く　**イ** 近い　**ウ** 上る　**エ** ふる〔　〕
(7) **ア** 書く　**イ** 日光　**ウ** 読む　**エ** 歩く〔　〕
(8) **ア** 高さ　**イ** 高い　**ウ** 深い　**エ** 広い〔　〕
(9) **ア** 小川　**イ** 進歩　**ウ** 少年　**エ** 進む〔　〕

**4** [同じ種類の言葉] 次の言葉は、どのなかまの言葉ですか。ア 名詞・イ 動詞・ウ 形容詞に分け、記号で答えなさい。

(1) 小川〔　　〕 (2) 苦しい〔　　〕
(3) 折《お》る〔　　〕 (4) 少年〔　　〕
(5) 悲しい〔　　〕 (6) きびしい〔　　〕
(7) 害虫《がいちゅう》〔　　〕 (8) 帰る〔　　〕

**5** [形が変《か》わる言葉] 次の文の□に、ひらがなを書き入れなさい。

(1)
・ろう下を走□ないようにしましょう。
・四列にならんで走□ましょう。
・速く走□ば、電車に乗れるでしょう。
・走□ことは、とてもよい運動です。
・走□たり、歩いたりしながら遠くまで行きます。

(2)
・重□たら、荷物をへらして行きなさい。
・重□荷物を車に積《つ》んで運ぶ。
・前の月より一キログラムも重□なった。
・重□ば、ぼくが持ちましょう。

(3)
・中川さんは、ていねいに字を書□ます。
・手本をよく見て書□とよい。
・読んだり書□たりする。
・早く書□ないと時間がありませんよ。
・思ったとおり書□ばよい。
・作文を書□。（言い切りの形）
・早く書□。（命令《めいれい》する形）

**6** [主語と述語《じゅつご》] 次の文の主語に――線を、述語に〰〰線を引きなさい。

(1) わたしの　家には、かわいい　子ねこが　います。
(2) 昨日《きのう》は、雪が　ふりました。
(3) 明日、父は　大阪《おおさか》へ　出かけます。
(4) 青い　空が　美しい。

**7** [かざり言葉（修飾語《しゅうしょくご》）] 次の文のかざり言葉に、――線を引きなさい。

(1) えんがわで　ねこが　ねている。
(2) 春は　風とともに　来る。
(3) 赤い　バラの　花が　ひらひら　ゆれた。
(4) わたげは、風の　力で　遠くへ　飛《と》ばされます。

8 言葉の種類

# ステップ 2

月　日

答え➡別さつ11ページ

時間 30分　合かく 80点　とく点　点

**1** 次の――線の言葉は、ア名詞《めいし》、イ動詞、ウ形容詞《けいようし》のうちのどれですか。記号で答えなさい。（40点／一つ2点）

新聞の第一の役目は、日々のさまざまなできごとを、正しく、速く伝えることにあります。大きいニュースの記事は、見出しと、リードと、本文で組み立てられています。新聞は、世界各国《かっこく》の動きや、国内のいろいろな問題、さらに町や村の小さいできごとまで、それぞれニュースとしてあつかいます。

**2** 次の文の主語に――線を、述語《じゅつご》に～～線を引きなさい。（12点／一つ2点）

(1) 教科書の　文章は　共通語《きょうつうご》で　書いてあります。

(2) わたしたちは　方言も　使います。

(3) わたしの　母は　とても　やさしい。

(4) ぼくの　弟は　たいへん　あまえんぼうだ。

(5) 人間の　体は　体温を　自然《しぜん》に　調節《ちょうせつ》するように　できています。

(6) 人力飛行機《ひこうき》の　研究が　十年あまりも　学生たちによって　続《つづ》けられている。

重要 **3** 次の～～線の言葉は、どの言葉にかかっていますか。記号で答えなさい。（8点／一つ2点）

(1) 今日　ア先生が、イ東京に　ウ旅行した　エときの　オ話を　カしてくださいました。〔　〕

(2) わたしたちの　ア学校は　イ大阪《おおさか》の　ウ真ん中に　エあります。〔　〕

(3) ア山おくの　イ谷川に　一ぴきの　ウ魚が　エすんでいました。〔　〕

(4) アこの　イ五つの　ウ輪《わ》は　世界の　エ五大州を　オ表しています。〔　〕

重要

**4** 次の文章を読んで、あとの問いに答えなさい。

わたしたちの目の前に広がっている海は、今から44億《おく》年も前にたん生したといわれています。（ ① ）までは、岩石がとけたマグマが地表をおおっていました。そこに何年もかけて大雨がふりそそぎ、当時の海の表面をA冷《ひ》やしたことで、水ができるようになったと考えられています。しかし、海は44億年間、ずっと（ ② ）にあったわけではありません。（ ③ ）間に、大きさ数キロメートルほどのB小さな星が、くり返し地球にしょうとつしました。

Cそのしょうげきで、何度もじょう発してしまったのです。その後、海が安定してそんざいできるようなった38億年前ごろに、ついに生命が海の中で（ ④ ）。

生命は、海の中にある栄養《えいよう》を取り入れて、ふえていきました。はじめは、一つの細《さい》ぼうしかもたない単《たん》じゅんな び生物でした。魚のようにたくさんの細ぼうをもつ生物が登場するようになるのは、それよりも10億年以上後のことなのです。（ ⑤ ）が、D今のような生物が、海で生まれるまでの地球のれきしです。

(1) （ ① ）～（ ③ ）・（ ⑤ ）に入る言葉を次から選《えら》んで、記号をそれぞれ書き入れなさい。（4点／一つ1点）

① 〔　　〕 ② 〔　　〕 ③ 〔　　〕 ⑤ 〔　　〕

**ア** そこ　**イ** それ　**ウ** その　**エ** これ

(2) ――線Aの主語、――線Bの述語をそれぞれ書きなさい。（4点／一つ2点）

A…主語〔　　〕 B…述語〔　　〕

(3) ――線Cの文には、主語がありません。この文の主語を、文章中の言葉を使って書きなさい。（6点）

〔　　〕

(4) （ ④ ）に入る述語はどんな言葉がよいか、考えて書きなさい。（6点）

〔　　〕

(5) ――線D「今のような生物」とは、どのような生物のことですか。（10点）

〔　　〕

**5** 次の文の═線の言葉は、どの言葉にかかっていますか。記号で答えなさい。（10点／一つ5点）

(1) さとうを入れると、とたんに**ア**細かい**イ**あわが**ウ**たくさん**エ**できるでしょう。〔　　〕

(2) まもなく**ア**ベンの**イ**すがたが目の先に**ウ**ちらついたが、**エ**トムはこの少年に **オ**からかわれるのを **カ**おそれていた。〔　　〕

月　日

答え➡別さつ12ページ

時間 30分
合かく 80点
とく点　　点

重要
**1** 次の――線の言葉が指している言葉を書きなさい。（20点／一つ4点）

(1) 君の時計、それはスイスせいですか。〔　　〕

(2) 台風が近づいている。これはたいへんだ。〔　　〕

(3) 目の前の鳥居《とりい》、これが宮島《みやじま》の大鳥居です。〔　　〕

(4) ちょうが死んでいました。そこは野原でした。〔　　〕

(5) 母さんの指すほうを見なさい。岩が見えるでしょう。あそこの下におじいさんのおはかがあるのですよ。〔　　〕

**2** 次の文の〔　〕に、適当《てきとう》な言葉を書き入れなさい。（12点／一つ3点）

(1) ちょうどよいところでお目にかかりました。ごしょうかいしましょう。〔　　〕が社長さんです。

(2) てんらん会を見るには、〔　　〕入場けんが必《ひつ》要《よう》です。一まいさしあげましょう。

(3) では、三時に〔　　〕に参《まい》ります。

(4) いらっしゃいませ。〔　　〕様でしょうか。

重要
**3** 次の文の〔　〕に入る言葉を、あとから選《えら》んで、記号で書き入れなさい（すべて一回ずつ使います）。（12点／一つ3点）

(1) 明日は、ノート〔　　〕手帳を持ってきなさい。

(2) 国語の宿題をすまし、〔　　〕遊びにいった。

(3) たかし君は、体も大きいし、〔　　〕力も強い。

(4) さあ、算数の勉強を始めましょう。〔　　〕何ページからでしたかね。

ア または　イ ところで　ウ それから　エ そのうえ

**4** 次の〔　〕に入る言葉を、あとから選んで、書き入れなさい。（16点／一つ4点）

わたしの妹〔　　〕、思いやりのあるやさしい子だ〔　　〕、自分自身〔　　〕きびしくて、つらい練習にもがんばる〔　　〕、家族全員で応えんしている。

には・が・て・ば・ので・にも・は

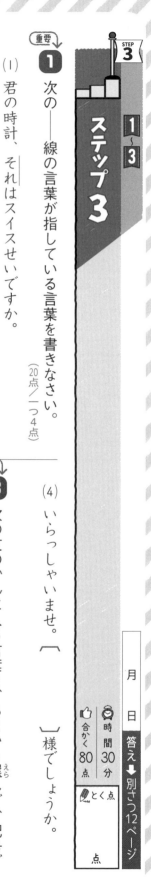

**5** 次の（ ① ）～（ ③ ）には、つなぎ言葉が入ります。あとから選んで、記号を書き入れなさい。（12点／一つ4点）

神社の夜空はよく晴れていて、何本ものびた高いスギの木のてっぺんに、細かい星がいっぱい広がっていました。

いつもは人気のない、けいだい。（ ① ）、きょうはえんにちなので、たくさんの人たちでにぎわっています。おじさんに手を引かれて、とおるは神社の古いおどうの前にやってきました。赤と白の着物をきた女の人が、「（ ② ）みなさま、おじぎをしてください。今から神様がいらっしゃいます」と言いました。周《まわ》りの大人たちもおじさんも、深く頭をさげたので、とおるも同じようにしました。（ ③ ）その上から、女の人が、手に持っていた金色のすずを、さかんにふり鳴らしはじめたのです。高くすんだ音が、とおるの頭の上に、しばらく鳴りひびきました。とおるは、自分の耳元に、さっき見ていた星たちが、さっと流れてくるような気がしました。

①［　　］ ②［　　］ ③［　　］

ア では　イ また　ウ すると　エ けれども

**6** 次の文の主語に――線を、述語《じゅつご》に～～線を引きなさい。（16点／一つ2点）

(1) ごんという名の、いたずらの好《す》きな子ぎつねがいました。

(2) 兵十《ひょうじゅう》は、それを神様のしわざだと思いこんでいるのです。

(3) ごんは、ひとりぼっちの子ぎつねだ。

(4) ごんは、死んでしまうのだからかわいそうだ。

(5) ごんは、毎日のように、いわしやくりやまつたけを兵十の家にとどけた。

(6) ごんは、ここで兵十のおっかあの死を知ります。

(7) ごんは、悪いことしちゃったなと、こうかいしました。

(8) うなぎは、ごんの首にまきついたままはなれません。

**7** 次の文の――線の言葉とうまくつながる言い方を、例にならって書きなさい。（12点／一つ3点）

例 まさか約束《やくそく》をわすれたのではある［まい］。

(1) さも大事［　　　］、子犬をだいている。

(2) たとえじょうだんであろう［　　］、わたしはゆるせない。

(3) まるでゆめの［　　　］できごとだった。

(4) ぜひ、わたしの家にも遊びにきて［　　　　］。

〔実践女子学園中―改〕

# 9 かなづかい・符号《ふごう》

**学習のねらい**

「ず・づ」や「お・う」の使い分けを正確《せいかく》にできるようにします。また、句読点《くとうてん》や、文章を理解《りかい》したり書いたりするときの注意点も学びます。

月　日

答え➡別さつ12ページ

## ステップ1

**1** ［まちがえやすいかなづかい］次の文のかなづかいで、正しいほうの記号に、○をつけなさい。

(1) わたしたち{ア は／イ わ}、野原{ア へ／イ え}行きました。

(2) 口で{ア わ／イ は}いろいろなこと{ア を／イ お}{ア ゆえる／イ いえる}が、それ{ア を／イ お}行うこと{ア わ／イ は}たいへんむずかしいと思います。

(3) 弟はこのごろ{ア「こんばんは」／イ「こんばんわ」}と{ア ゆう／イ いう}言葉を{ア おぼへて／イ おぼえて}、いつも{ア いって／イ ゆって}います。

(4) わたし{ア わ／イ は}、先生の言いつけの{ア とうり／イ とおり}に、観察《かんさつ》記録《きろく》を{ア つづけ／イ つずけ}ようと思います。

(5) {ア みじかい／イ みぢかい}えんぴつを{ア けづ／イ けず}ります。

(6) {ア まず／イ まづ}勉強して、それから{ア おつかひ／イ おつかい}に行くのがぼくの仕事です。これを{ア はじめて／イ はぢめて}、もう一年半{ア いじょう／イ いぢょう}たちます。

(7) {ア きょお／イ きょう}も、学校から帰ってすぐに勉強{ア を／イ お}しました。{ア 少しずつ／イ 少しづつ}でもやって、もっとできる{ア よう／イ よお}になりたいです。

**2** ［まちがえやすいかなづかい］次の二つの文で、正しく書けているほうの記号に、○をつけなさい。

(1)
ア 相手の選手《せんしゅ》が代わった。
イ 相手の選手が代はった。

(2)
ア 人の話を聞くときは、むだ話をしない。
イ 人の話を聞くときわ、むだ話をしない。

(3)
ア 長い間、苦しい研究をつづけました。
イ 長い間、苦しい研究をつずけました。

(4)
ア おとおさんと二人で、畑をたがやしました。
イ おとうさんと二人で、畑をたがやしました。

(5)
ア ぼくの指さすほおを、見てください。
イ ぼくの指さすほうを、見てください。

(6)
ア お母さんはやさしいと、つくずく思います。
イ お母さんはやさしいと、つくづく思います。

(7)
ア ちかじか、おたくにおじゃまします。
イ ちかぢか、おたくにおじゃまします。

(8)
ア 茶飲みじゃわんを買った。
イ 茶飲みぢゃわんを買った。

(9)
ア おおさかへ、家族で旅行した。
イ おうさかへ、家族で旅行した。

(10)
ア 弟は、まだ指でかずをかぞえます。
イ 弟は、まだ指でかづをかぞえます。

**3** ［符号《ふごう》の名前］次の上の符号と下の符号の名前を、——線でつなぎなさい。

(1) 。・　　・ア かぎ
(2) 、・　　・イ 二重かぎ
(3) 「　」・　　・ウ 読点《とうてん》
(4) 『　』・　　・エ 中点《なかてん》・中黒《なかぐろ》
(5) ・・　　・オ 句点《くてん》

**4** ［符号のつけ方］次の文に、句点と読点をそれぞれ一つつけなさい。

(1) おじいさんとおばあさんが公園を散歩《さんぽ》していました
(2) ぼくは学校に行き父は会社に行く
(3) ああなんとすばらしい景色《けしき》でしょう
(4) 明日雨がふれば運動会はえんきだ
(5) 赤い花がいっぱいさいた
(6) わたしのおじさんはりんご作りの名人でした
(7) 目をとじたらお母さんの顔がうかんできた
(8) わたしたちの先生は少しもおこらない
(9) 教室のまどから見える空は今にも雨がふり出しそうです
(10) 自転車に乗った弟はにげる犬を追いかけました

# ステップ2

月　日
答え➡別さつ13ページ
時間 30分
合かく 80点
とく点　　点

**1** 次の文に、読点《とうてん》をそれぞれ一つつけなさい。(12点／一つ2点)

(1) バスや乗用車は人を乗せて運ぶ自動車です。
(2) 今までの作文を集めて読み返してみましょう。
(3) 兵十《ひょうじゅう》が赤いいどの所で麦をといでいました。
(4) あわてて帰ってきたお父さんの手には一輪《いちりん》のコスモスの花がありました。
(5) 雪がこいは地方によって作り方がちがいます。
(6) この写真を見てどんなことを想像《そうぞう》しますか。

**2** 次の文で、符号《ふごう》が正しく使われているものには○、そうでないものには×を書きなさい。(12点／一つ2点)

(1) 〔　〕昔、中国に、リュウの住んでいる湖があった。
(2) 〔　〕「やあ、天気だね。とおじさんが」言った。
(3) 〔　〕ぼくは、とちゅうで、何度笑《わら》った、かしれない。
(4) 〔　〕雨がやんで日が照《て》り出した。
(5) 〔　〕これで、ぼくの説明《せつめい》を終わります。
(6) 〔　〕「よう。」と、ぼくは声をかけられた。

**3** 次の〔　〕に入るひらがな一字を書き入れなさい。(16点／一つ2点)

今朝〔　〕たいへん寒くて、せんめんきに、こ〔　〕りがはっていました。わたし〔　〕、おと〔　〕との
ところ〔　〕行って、「起きてごらん。」と言いました。
今年初《はじ》めてのこ〔　〕りです。学校〔　〕行って、先生〔　〕話してみようと思います。

**4** 次のかなづかいのうち、正しいほうの記号に、○をつけなさい。(16点／一つ2点)

(1) {ア たとえ／イ たとへ}{ア 少しずつ／イ 少しづつ}でも、この問題集を{ア つずけて／イ つづけて}いこうと{ア 思います／イ 思ひます}。

(2) お気に入りのセーターが{ア ちぢんで／イ ちじんで}しまい、

(3)
［ア 一日じゅう／イ 一日ぢゅう］落ちこんでいた。

ひなんぶくろに入れる［ア かんづめ／イ かんずめ］をもらったが、［ア ぢめん／イ じめん］に落として土がついた。

**5** 次の文章を読んで、あとの問いに答えなさい。

あらしの夜るなど、電灯《でんとう》が消ることがあります。ろおそくをともしても、本お読むには、不便《ふべん》ですし、部屋のすみなどは、暗らくて、はっきり見へません。そんなとき、また、パッと電灯がつくと、それこそ、ま昼のよおに明かるくなります。

(1) かなづかいのまちがっているところを四か所さがし、正しく書き直しなさい。（8点／一つ2点）

［　］［　］［　］［　］

(2) 漢字の送りがなのまちがっているところを四か所さがし、正しく書き直しなさい。（8点／一つ2点）

［　］［　］［　］［　］

**6** 次の熟語《じゅくご》の読み方を、かなづかいに注意して書きなさい。（10点／一つ1点）

(1) 競争［　］
(2) 放送［　］
(3) 労働［　］
(4) 発表［　］
(5) 希望［　］
(6) 料理［　］
(7) 王様［　］
(8) 水道［　］
(9) 時計［　］
(10) 幸福［　］

**7** 次の文中には、かなづかいがまちがっている言葉があります。——線を引いて、正しく書き直しなさい。（18点／一つ9点）

(1) 「こんにちわ」はあいさつの言葉です。この言葉は出会いの言葉です。ささやかなこの一言が心と心を通わせ合うのです。このように毎日の生活の言葉の中にも心の通い合うものがあります。

［　］

(2) 父が、中学校の入学式を前にしたある日、わたしにこんな約束《やくそく》をさせた。

『ひとつ、毎日決まった時間につくえに向かうこと。ひとつ、自分の部屋は自分でかたずけること。』

わたしはどちらも満足《まんぞく》にできていなかった。

［　］

〔神戸大附属明石中〕

# 10 文の種類《しゅるい》

## ステップ1

**1** ［かかる言葉］次の――線の言葉は、どの言葉にかかっていますか。その言葉を書きなさい。

(1) あの　人は、だれですか。　〔　　〕

(2) 向こうから　ふえの　音が　聞こえてきます。　〔　　〕

(3) これは、おじいさんから　聞いた　話です。　〔　　〕

(4) やわらかい　雨が、土に　しみています。　〔　　〕

(5) こまは、まっすぐに立って　いせいよく　回り出す。　〔　　〕

(6) ぽっかりと、大きな　あなが　あいている。　〔　　〕

(7) ふいに、はげしい　風が　ふき出した。　〔　　〕

**学習のねらい**

文のほね組みを理解《りかい》し、文の形をとらえます。「かかり受け」の関《かん》係《けい》に注目して、文図などの活用をします。また、敬語《けいご》の区別《くべつ》になれるようにします。

月　日

答え➡別さつ13ページ

**2** ［主語と述語《じゅつご》］次の文の主語には――線を、述語には＝＝線を引き、それらにかかる言葉には～～線を引きなさい。

(1) わたしは、母といっしょに行きました。

(2) 日本の人口は、年々ふえていく。

(3) はげしい戦《たたか》いは、大勝利《だいしょうり》に終わった。

(4) 長い長い時間がたった。

(5) せみは、小さざみに体をふるわせている。

**3** ［文図］次の□に言葉を書き入れて、例にならって文図を作りなさい（～～➡は、主語と述語の関係です）。

例　近所の　おばさんが　みかんを　くれた。

（文図：近所の → おばさんが ～～➡ くれた。／みかんを → くれた。）

(1) 庭に　きれいな　花が　さいた。

（文図：□ → □ ～～➡ □。／□ → □）

(2) 北極《ほっきょく》ぐまは、一年中　こおりの　上で　くらしている。

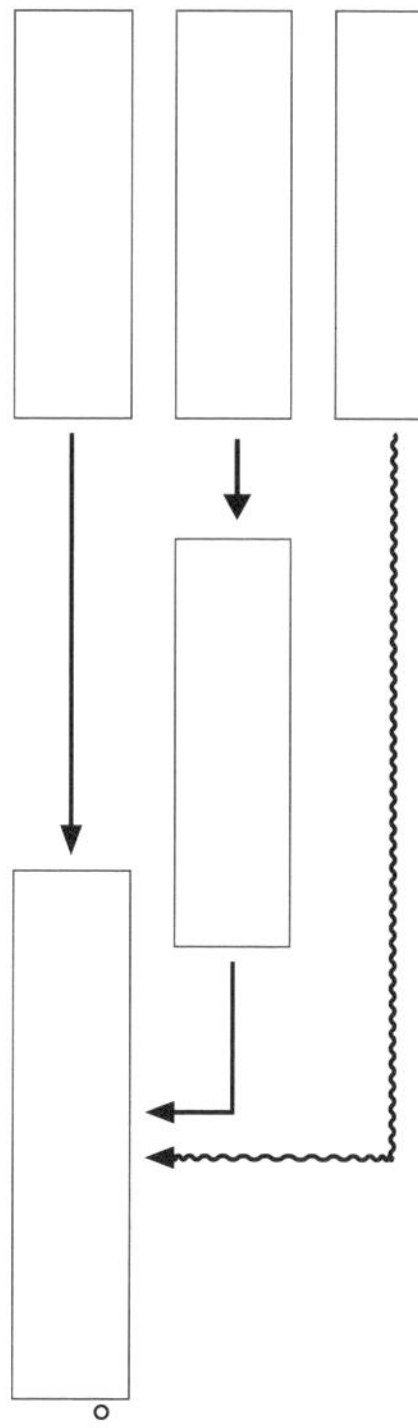

## 4 ［文の正しい書き方］次の文で、正しいものには○、まちがっているものには×を書きなさい。

(1) 〔　〕ぼくは、昨日《きのう》学校から帰って遊ぶことにしました。

(2) 〔　〕明日はお天気がよかったので、遠足があると思います。

(3) 〔　〕たぶん、東京へ行くようになると思います。

(4) 〔　〕母が、「昨日のことを作文に書いてごらんなさい。」と言いました。

(5) 〔　〕今、ぼくは勉強中ですから、遊べません。

(6) 〔　〕父は、毎日、会社へ行きます。母は、家で仕事をしています。

## 5 ［たとえ］次の文中でものにたとえているところに——線を引きなさい。

(1) 村の家々のともしびが、星のようにまたたいている。

(2) 巨人《きょじん》のように、大きな人だ。

(3) みみずのはったような字を書いている。

(4) 赤ちゃんの手は、もみじのはっぱみたいだ。

(5) 春の日のように、あたたかい。

(6) のこぎりの歯のような山なみが続《つづ》く。

(7) ゆめを見ているような時間がすぎた。

(8) 石炭が山のように積《つ》んである。

## 6 ［疑問《ぎもん》文］次の文を、たずねる文に直しなさい。

(1) 昨日、算数のわからないところを聞きました。
〔　〕

(2) 町はネオンできれいです。
〔　〕

(3) 去年はスキーへ行きました。
〔　〕

(4) 宿題をすませてから、遊びました。
〔　〕

# ステップ2



**1** 次の言い方にあてはまる文に、○を書きなさい。（10点／一つ2点）

(1) たずねる言い方
ア〔　〕そのジュースは、あまいですか。
イ〔　〕ねぼうしたから、学校におくれました。
ウ〔　〕昨日《きのう》は、たいへんなことがありました。

(2) たとえていう言い方
ア〔　〕この薬は、本当によくきく。
イ〔　〕このいもは、まるでボールの形だ。
ウ〔　〕夏の海は、本当に青い。

(3) 心からさけんでいる言い方
ア〔　〕ああ、すばらしい絵だ。
イ〔　〕このあめは、とてもあまいよ。
ウ〔　〕山登りは、とてもつらいよ。

(4) 命令《めいれい》する言い方
ア〔　〕そこで泳いではいけない。
イ〔　〕ろう下で遊ぶのは、いけないと思います。
ウ〔　〕いっしょに行きませんか。

(5) お願《ねが》いをする言い方
ア〔　〕この本を山本君へわたしなさい。
イ〔　〕この品物をとりかえてください。
ウ〔　〕えんぴつがありません。

重要

**2** 次の文の形が、「何はどうする」になっているものにはア、「何がどんなだ」になっているものにはイ、「何が何だ」になっているものにはウを〔　〕に書きなさい。また、――線の言葉が名詞《めいし》・動詞・形容詞《けいようし》のうちのどれなのかを〔　〕に書きなさい。（20点／一つ4点）

(1)（　）今夜は、とても冷えこむ。〔　〕
(2)（　）旅行のこづかいは千円です。〔　〕
(3)（　）この池は、すごく深い。〔　〕
(4)（　）ぼくの父は、新聞記者だ。〔　〕
(5)（　）雨が、はげしくふる。〔　〕

**3** 次の文で、敬体文《けいたいぶん》には○、常体文《じょうたいぶん》には×を書きなさい。（10点／一つ2点）

(1)〔　〕早く勉強しなさい。
(2)〔　〕伝《でん》せん病の時期だから、十分気をつけないといけない。
(3)〔　〕家に帰ったら、手をあらいましょう。
(4)〔　〕食後には、必《かなら》ず歯をみがこう。
(5)〔　〕雪が、こんこんとふっている。

**4** 次の文で、敬語を使っているところに――線を引きなさい。(8点／一つ2点)

(1) お茶をめし上がってください。

(2) もうお出かけですか。

(3) では、いっしょにまいりましょう。

(4) どうぞ、お持ちかえりになってください。

**5** 上の言葉を説明《せつめい》しているものを、――線でつなぎなさい。(32点／一つ4点)

(1) 詩 ・　　・ア 調子のある短い言葉で自分の思ったことを書いた文。

(2) きゃく本 ・　　・イ ある人の一生を書いた文。

(3) 日記文 ・　　・ウ げきのすじが書いてある文。

(4) 伝記《でんき》文 ・　　・エ お話がかいてある文。(主人公に、いろいろなことがある文)。

(5) 物語文 ・　　・オ 月日を書いて、その日のことを書いた文。

(6) 紀行《きこう》文 ・　　・カ あることがらを説明する文。

(7) 説明文 ・　　・キ あるものをよく見て書いた文。

(8) 観察《かんさつ》文 ・　　・ク 旅行したことを書いた文。

**6** 二つの文のうち、正しいほうに○を書きなさい。(10点／一つ2点)

(1)
ア〔　〕明日のミルクは、とてもおいしかった。
イ〔　〕昨日のミルクは、とてもおいしかった。

(2)
ア〔　〕たとえ負けたら泣《な》かないだろう。
イ〔　〕たとえ負けても泣かないだろう。

(3)
ア〔　〕この本は、とてもおもしろいね。
イ〔　〕この本は、おもしろかったと思われた。

(4)
ア〔　〕やっと、算数の問題がとけました。
イ〔　〕やっと、算数の問題がとけませんでした。

(5)
ア〔　〕まさか明日も雨はふらないだろう。
イ〔　〕まさか明日も雨がふるだろう。

**7** 次の文は、A子さんと、お客のBさんの会話文です。――線の言葉を、正しい敬語の使い方に直しなさい。(10点／一つ2点)

B「ごめんください。」

A「はい。(1)だれですか。」〔　〕

B「わたしは、Bという者ですが、お父さんは(2)おりますか。」〔　〕

A「(3)お父さんは、出かけております。」〔　〕

B「そうですか。では、明日、会社に(4)行きますので、よろしくお伝《つた》えください。」〔　〕

A「はい、何時ごろ(5)行くのですか。」〔　〕

B「十時ごろです。」

ステップ3（1〜3）

時間 30分　合かく 80点　とく点　点　月　日
答え⬇別さつ15ページ

**1** 次の文中で、かなづかいがまちがっている言葉を正しく書き直しなさい。（10点／一つ5点）

(1) 走っている時にいきおいよくころんで、しばらくすると、はなじが出てきた。〔　　〕

(2) 「こんにちは」と、近所にすんでいる友人のおとおさんにあいさつをした。〔　　〕

**2** 次の文に、下の符号《ふごう》をそれぞれ一つつけなさい。（20点／一つ2点）

(1) やあひさしぶりだけど、元気かい。（読点）
(2) 雨が上がり、青空に日がさしてきた（句点）
(3) ごんぎつねという本を読みます。（二重かぎ）
(4) 母は、わたしに早くねなさいと言った。（かぎ）
(5) よし、決めたきょうから早おきをしよう。（句点）
(6) 入るなキケンとはっきり書かれている。（かぎ）
(7) 何ということだ今までで最高《さいこう》の点数だ。（句点）
(8) はいこの絵は、兄がかきました。（読点）
(9) 病院はいやだ。弟はそう言ってなきだした。（かぎ）
(10) カニエビなどのアレルギーがある。（中点・中黒）

**3** 次の熟語《じゅくご》の読み方を、かなづかいに注意して書きなさい。（10点／一つ1点）

(1) 命令〔　　〕　(2) 農業〔　　〕
(3) 陽光〔　　〕　(4) 世紀〔　　〕
(5) 平面〔　　〕　(6) 一礼〔　　〕
(7) 有望〔　　〕　(8) 校庭〔　　〕
(9) 決定〔　　〕　(10) 西洋〔　　〕

**4** 次の文の主語《しゅご》には――線を、述語《じゅつご》には＝＝線を引き、それらにかかる言葉には～～線を引きなさい。（20点／一つ2点）

(1) 兄は何度も何度も弟にたずねた。
(2) うちでかっている犬はとてもおとなしい。
(3) なつかしい思い出は、写真におさめている。
(4) わたしのノートは、テーブルの上にあります。
(5) お別れの日、ともだちは大きく手をふった。
(6) あの有名な画家は、花の絵をかき続けている。
(7) 毎日の運動のおかげで、どんどん体重が落ちた。
(8) 朝になると、水面に明るい日がさしこむ。

(9) 道を走る車は、少しずつスピードを上げた。

(10) にぎやかな町なので、夜でも人通りが多い。

**5** 次の□に言葉を書き入れて、例《れい》にならって文図を作りなさい（〰は、主語と述語《じゅつご》の関係《かんけい》です）。（10点／一つ5点）

例 父が　きれいな　はがきを　くれた。

父が 〰→ くれた

きれいな → はがきを → くれた。

(1) 日本は　広大な　海に　かこまれている。

□ 〰→ □

□ → □ → □。

(2) 一番上の　兄は　おそくまで　入試《にゅうし》のために勉強している。

□ → □ 〰→ □

□ → □ → □。

**6** 次の文を、〔　〕の文に直しなさい。（10点／一つ5点）

(1) これは先月、図書館で借《か》りてきた本です。（たずねる言い方）

〔　　　　〕

(2) 先に来た人から、急いで席に着いてください。（命令する言い方）

〔　　　　〕

**7** 次の文は、先生と生徒の会話文です。――線の言葉が正しければ○を、正しくなければ正しい敬語《けいご》の使い方に直しなさい。（20点／一つ4点）

先生「どうか(1)いたしましたか。」〔　　〕

生徒「はい、図工の時間のお話について、一つ(2)聞きたいことがあります。」〔　　〕

先生「しつ問(3)ですね。いいですよ。」〔　　〕

生徒「きょうのお話に登場した、『勝利《しょうり》の女神像《めがみぞう》』ですが、あれはどこの国のもの(4)なの。」〔　　〕

先生「あれは、『サモトラケのニケ』というちょうこくで、フランスの美術館《びじゅつかん》に、おさめられていますよ。」

生徒「そうなのですね。先生は、実さいに像を(5)ごらんになったことがあるのですか。」〔　　〕

先生「学生のころに見ましたが、とてもきれいでしたよ。」

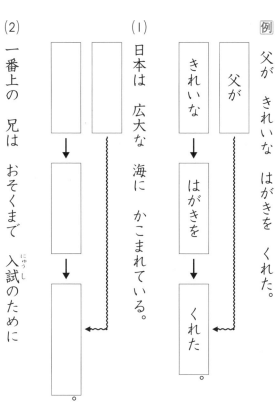

# 11 物語を読む①

学習のねらい

物語には、必ずすじがあります。文章のすじをとらえるには、「いつ、どこで、だれが、どうして、どうなった、なぜか」ということを考えて読むことが必要《ひつよう》です。

月　日

答え⬇別さつ15ページ

## ステップ1

**1** ［すじを読む］次の文章を読んで、あとの問いに答えなさい。

つな引きと、六年生のフォークダンスが終わって、四年生の短きょり走になった。一列スタートするたびに、ぱっとすなぼこりが上がる。次の列が、ざわざわと前進する。

（あと一列。）

のぶよのしんぞうの音が、だんだん高くなる。

ザクッという音とすなぼこりのあと、①のぶよの目の前が急に広くなった。深こきゅうして、体を前にたおす。頭の中が真っ白になっていく。

「ようい！」

耳のおくで、かすかにピストルの音を聞いた。②両わきからいちどきに風が起こる。ひとつおくれて、のぶよも体を前におし出した。

（がんばって走らなきゃ。）

体が重い。

（お母ちゃん、ショックだったろうな。でも、けんじもさみしくて……、わたしだって、本当は……。）

体がどんどん重くなる。一生けんめい走ろうとすればするほど、体が後ろへ下がっていく。

（あ、もう走れない。）

その時、③ふいにせなかに、④二つの声がかぶさった。

「姉ちゃん、行けっ！」

「のぶよ、行けっ！」

思わず、ぎゅんと足が出た。

「走れ！　そのまんま、走れ！」

おしりが、すわっと軽くなる。次のしゅんかん、体にからみついていたいろんな思いが、［⑤］とほどけていった。

走った。どこまでも走れる気がした。とうめいな空気の中に、体ごととびこんだ。

「はい、きみがラストね。」

とつぜん、係の声がした。

体の中は、まだ、どくどく波うって走りつづけている感じだ。

ラストという言葉が、こんなに⑥ほこらしく聞こえたのは、はじめてだった。

退場《たいじょう》門から出ると、けんじとお母ちゃんが立っていた。

「さいごだけ、よかったぞ。」

けんじが、ぷくりとふくれたくちびるを動かして、おこったように言った。そばで、お母ちゃんがにかっと笑《わら》った。


（村中《むらなか》　李衣《りえ》「走れ」）

(1) 「のぶよ」は、何年生ですか。　〔　　〕

(2) ――線①「のぶよの目の前が急に広くなった」とありますが、どうしてですか。次から選《えら》んで、記号で答えなさい。　〔　　〕

ア　きんちょうがなくなったから。
イ　すなぼこりが消えたから。
ウ　前の列がスタートしたから。

(3) ――線②「両わきからいちどきに風が起こる」とありますが、どのようなことを表していますか。

〔　　〕

(4) ――線③「ふいに」の意味を、次から選んで、記号で答えなさい。　〔　　〕

ア　思いがけず
イ　不安になり
ウ　思ったとおりに

(5) ――線④「二つの声」は、だれとだれの声ですか。

〔　　〕〔　　〕

(6) ⑤にあてはまる言葉を、次から選んで、記号で答えなさい。　〔　　〕

ア　ごろごろ
イ　するする
ウ　さわさわ

(7) ――線⑥「ほこらしく聞こえた」とありますが、どうしてですか。次から選んで、記号で答えなさい。　〔　　〕

ア　ラストでも、自分の走りに満足《まんぞく》できたから。
イ　みんながおうえんしてくれたから。
ウ　はじめて係に声をかけられたから。

# ステップ2

月　日

答え⬇別さつ16ページ

時間30分　合かく80点　とく点　点

**1** 次の文章を読んで、あとの問いに答えなさい。

お日様は、ぼくの頭の ①真上にある。一日は、やっと半分終わったところだ。自転車なしで、あとの半分をどうしよう。

ぼくの家のとなりの原っぱを、お日様が明るく ②照らしている。日かげに立っているぼくにはまぶしく見える。まるで、照明《しょうめい》に照らしだされた学校のホールのぶたいだ。これから ③がくげいかいが始まるみたいだし、もう終わってしまったみたいでもある。

ぼくは原っぱへ入っていった。

ポケットに手を入れると、ろう石が出てきた。

ちぇっ、ろう石なんか買いに行かなければ、ぼくは今ごろ東町公園で ④やきゅうをしていただろうな。ぼくがいなくて、だれがピッチャーをやっているんだろう。

㋐こんなろう石、すててしまえ。

ぼくは、ろう石を原っぱのすみに投げてしまおうと、ピッチャーのポーズをとった。

すると、ぼくはだれかの横目を感じた。

ぼくを見ていたのは、石の上の一ぴきのとかげだった。

「やい、自転車をなくしていい ⑤気味だぞ。」

㋑とかげの横目はそう言っていた。

⑥生意気なとかげをおどろかせてやろうと、ぼくはとかげのいる石にろう石を投げた。

ナイスピッチングだ。ろう石は石に当たった。

けれど、それだけではなかった。石に当たったろう石はバウンドして、とかげに当たった。

ぼくは ㋒息をのんだ。

石の上に、とかげのしっぽだけが残《のこ》った。残ったしっぽはしばらく動いていたけれど、やがて動かなくなった。

ぼくはしっぽをぶら下げた。

なんて原っぱは静《しず》かなんだろう。世界じゅうの人たちは、みんな自分の自転車に乗って、どこかへ遊びに行ってしまったんだ。㋓世界じゅうは空っぽ。ぼくは空っぽな世界の真ん中に、ひとりぼっちで立っている。

（舟崎《ふなざき》 靖子《やすこ》「やい、とかげ」）

(1) ——線①～⑥の漢字はひらがなに、ひらがなは漢字に直しなさい。（24点／一つ4点）

① 真上 ［　　］　② 照らし ［　　らし］　③ がくげいかい ［　　］

④ やきゅう ［　　］　⑤ 気味 ［　　］　⑥ 生意気 ［　　］

(2) ——線㋐で、ぼくは、どのような気持ちから、ろう石をすててしまえと思ったのですか。その気持ちを文中の言葉を使って書きなさい。（20点）

［　　］

(3) ——線㋑は、とかげが「やい、自転車をなくしていい気味だぞ。」と言っているのではなく、ぼくの気持ちの表れです。そう感じたぼくは、そのあとどうしましたか。そして、どうなりましたか。（20点／一つ10点）

・どうした ［　　］

・どうなった ［　　］

(4) ——線㋒「息をのんだ」とありますが、「息をのむ」の意味を、次から選《えら》んで、記号で答えなさい。（16点） ［　　］

**ア** おどろいて、息を止める。

**イ** おどろいて、息をふきかける。

**ウ** はげしくおこり、息をはく。

**エ** 得意《とくい》になって、息をすう。

(5) ——線㋓「世界じゅうは空っぽ」とありますが、その時のぼくの気持ちとしてふさわしいものを、次から一つ選んで、記号で答えなさい。（20点） ［　　］

**ア** 投げた石がたまたまトカゲのしっぽに当たって、自分の投げる技術《ぎじゅつ》を、じまんしたくなっている。

**イ** 自分のやりたいことがなくなったので、空っぽの気持ちをうずめるため、何かをしようと考えている。

**ウ** 失意のどん底《ぞこ》にあり、心の中は空っぽで、気のぬけた気持ちになっている。

**エ** 自分が乗っていた自転車を思い出して、空っぽの世界で、たったひとり空想の中で自転車に乗っている。

# 12 物語を読む②

**学習のねらい**

作者が伝《つた》えようとしていることが主題になります。主題は主人公の言葉や行動の中で語られることが多いので、主人公の心の動きを読み取ります。

月　日

答え➡別さつ16ページ

## STEP 1 ステップ1

**1** ［物語のもり上がりを読む］次の文章を読んで、あとの問いに答えなさい。

「ほれ……これかぶっていけ。」

おばあちゃんが麦わらぼうしをぼくの前に置《お》いた。

「これ、じいちゃんの？」

「①じいちゃんのわすれものだよ……。」

うん、うん……と、手をさすりながらうなずいた。おばあちゃんの顔が、泣《な》き笑《わら》いの顔になった。

その顔を見たとたん、鼻のおくが水をすいこんだようにツーンとなった。

「行ってくる……。」

ぼくはうき輪《わ》と麦わらぼうしをかかえて、部屋を飛《と》び出した。

ションベン岩をめざしても、なぜかいそぐ気はしなかった。

持っていた麦わらぼうしを見た。

おじいちゃんが死んで、はじめて見せたおばあちゃんのかなしい顔だった。

夏草が坂道をかくすほどしげっていた。

むーんとする青草のにおいが、ぼくは好《す》きだった。青草の強いにおいは、ぼくにとって、〈夏休み〉のにおいそのものだからだ。

麦わらぼうしをかぶろうとしたぼくの目に、とつぜん黄金《おうごん》の光が飛びこんできた。

ひまわり畑だった。

ぼくは思わず立ち止まった。

そこにひまわり畑があるのは知っていた。だけど、今日はそのひまわり畑が、②いつもとちがって見えた。

ひまわりはおじいちゃんの大好きな花だ。

庭にひまわりを植えながら、

「まさる、ひまわりはなぁ、小さな太陽だ。太陽と同じ明るさをくれる花だよ……。まさるもひまわりのようになればいいなぁ……。」

そう言っていた、おじいちゃんの言葉を思い出した。

ぼくの足はひまわり畑に向かっていた。

たくさんの小さな太陽の中に、ぼくは入った。あふれる黄金の光がまぶしくて、ぼくはなんどもまばたきした。

あっ！

ドキッとした。

光の中に黒いかげが立っていた。

信じられなかったけれど、ぼくはすぐにわかった。おじいちゃんだった。おじいちゃんが右手を差《さ》し出した。

「これ？」

ぼくは麦わらぼうしをおじいちゃんに見せた。

そのとき、ザアーッと風がふいて、いっせいに③小さな太陽たちがゆれた。

「じいちゃん！」

あっという間だった。

光の波の中におじいちゃんは消えていた。

ぼくは持っていた麦わらぼうしを見た。④すっかり色があせていた。

（福田《ふくだ》　岩緒《いわお》「夏のわすれもの」）

(1) ——線①「じいちゃんのわすれものだよ……」とありますが、「じいちゃん」はどうなったのですか。

［　　　　　］

(2) ——線②「いつもとちがって見えた」とありますが、どうちがって見えたのですか。次から選《えら》んで、記号で答えなさい。［　　］

**ア** いつもはきれいにさいているのに、しおれた感じがした。

**イ** 黄金の光のようで、まぶしくて、うっとおしい感じがした。

**ウ** ひまわりが、おじいちゃんとだぶって見えた。

(3) ——線③「小さな太陽」とは、何のことですか。

［　　　　　］

(4) ——線④「すっかり色があせていた」とありますが、「ぼく」が「おじいちゃん」を見たことを、何だといっていますか。次から選んで、記号で答えなさい。［　　］

**ア** おじいちゃんは、まぼろしとして見えた。

**イ** おじいちゃんに、じっさいに会うことができた。

**ウ** おじいちゃんが、ひまわりになった。

# ステップ2

❶ 次の文章を読んで、あとの問いに答えなさい。

中学校まで歩いて四キロ。みんな冬季《とうき》はバス通学だった。暖房《だんぼう》のきいてるバスで友だちとさわぎながら通うのも悪くはない。けれど、根雪のふったつぎの日の朝に、町のメリヤス工場に働《はたら》きに行っている母親が、長ぐつをはきながらバス代の百円玉を出すのを見ると、修《おさむ》はもらう気がしなかった。

母親は朝飯《あさめし》も①そこそこに、かたづけ物は妹の美代《みよ》にまかせている。七時十分に工場のマイクロバスがくるバス停《てい》まで行かなくてはいけないのだ。母親は②ひとりで朝の空気をかきまわしている。

「ほら、バス賃《ちん》。早く朝ごはん食わねど、おぐれっぞォ」

そう言って、百円玉を修ににぎらせると、あわてて出て行った。③修は稲刈《いねか》りのときと同じ気持ちだった。

「アーア」

と、だれもいない玄関《げんかん》にむかって、口をひんまげ、ため息をついた。

稲刈りのときは、父親ひとりでは［④］がまわらないので、父親と母親は薄暗《うすぐら》いうちから起き出して、取り入れをした。朝飯に帰って、母親は工場に行く。夜は夜で夕飯を食うと、二人はまた田んぼに出かけて行って、発《はっ》電機《でんき》で明《あか》りをつけ、十時ごろまで仕事をやってくる。帰って来て、やっといっぷくすると、きまって母親はテレビを見ながら、こっくりこっくり、いねむりを始めた。そんな母親を見ると、修はむかむか腹《はら》が立った。

二人とも、どんなに忙《いそが》しくとも『手伝《てつだ》え』とは言わなかった。それが修には不服《ふふく》だった。人手がたりないのは、わかりすぎるぐらいわかっているから、手伝おうかと何度も思ったけれど、くたくたになっている二人を見れば見るほど、どうしてたよりにしてくれないんだという思いが先にきて、むずむずしている力を自分でおさえこんでしまった。

夕飯を食ってから、二人がもどって来るまでの間、テレビの前でねそべっているのはたまらなかった。筋肉《きんにく》をピクピクさせて、背骨《せぼね》がギスギスするような作業をしているのだと思うと、明るい家の中のどこにも、自分のいる場所がないような気がした。

それににた気持ちになって、修は百円玉をぐっとにぎった。手のひらの百円玉の中に自分の存在《そんざい》がなにもかもあって、これから先も、ひとにぎりずつ減《へ》っていくよう

月　日

時間 30分　合かく 80点　とく点　　点

答え➡別さつ16ページ

な気がしてならなかった。
バスに乗るつもりで家を出たけれど、足がトットとバス停とは反対の学校の方に向いてしまったとき、修はむしろせいせいした。なにか強い決心があったわけではない。ただ、⑤少しでも楽な場所から、自分を追い出してみたかった。
日《ひ》かげ沢《さわ》の橋をわたると家並《いえな》みがきれてなくなった。ジャンパーのポケットに手をつっこんで、ほおにひりひりする風を切って歩いて行くと、修の息づかいだけが雪の中で浮《う》かび上がってきた。

（最上《もがみ》一平《いっぺい》「銀のうさぎ」）

(1) ――線①「そこそこに」と、様子がにている言葉を、文中から五字以内でぬき出しなさい。（20点）

(2) ――線②「ひとりで……かきまわしている」とありますが、これはだれのどのような様子を表していますか。わかりやすく説明《せつめい》しなさい。（20点）

〔　　〕

(3) ――線③「修は……気持ちだった」とありますが、どのような気持ちだったのですか。次から選《えら》んで、記号で答えなさい。（20点）

ア 母は、妹にかたづけ物をまかせるのに自分を頼《たよ》ってくれないので、妹に対して嫉妬《しっと》する気持ち。
イ 母だけが、稲刈りに工場にとたくさん働いて、手伝わない父に対して怒《おこ》る気持ち。
ウ 母が忙しくても自分を頼ってくれず、父も同じように頼ってくれないことへの不満《ふまん》な気持ち。
エ 母がどんなに大変《たいへん》でも愚痴《ぐち》をこぼさず頑張《がんば》っているので心配になっている気持ち。

〔　　〕

(4) ④にあてはまる体の部分を、漢字一字で書きなさい。（20点）

(5) ――線⑤「少しでも……追い出してみたかった」について次の問いに答えなさい。（20点／一つ10点）
① ここでは具体的《ぐたいてき》にどうすることですか。説明しなさい。
〔　　〕
② なぜ、このように思ったのですか。その理由を説明しなさい。
〔　　〕

〔聖園女学院中〕

# 13 伝《でん》記《き》を読む

学習のねらい

伝記とは、ある人の一生や功績《こうせき》を記したものです。その人の生きた時代をおさえ、どのようなことを学び、考えながら生きたのかを、読み取ることが大切です。

月　日

答え➡別さつ16ページ

## ステップ1

**1** [生き方を読み取る] 次の文章を読んで、あとの問いに答えなさい。

大正十一年、光次郎《こうじろう》が二十五才の冬のこと、東京から、五人の青年が、剣岳《つるぎだけ》をめざしてやって来た。慶応《けいおう》大学山《さん》岳《がく》部の学生たちであった。

剣岳は、その名のとおり、するどく天をつきさしてそびえている。とくに冬は、一面、固《かた》い氷と雪におおわれ、なかなか登れない。当時はまだ、①冬の剣岳の頂上《ちょうじょう》をきわめた者は、一人もいなかった。

その日、光次郎は、学生たちとともに、いくつもの難《なん》所《しょ》をこえて、こいきりに包《つつ》まれた頂上にせまっていった。

登り始めてから何時間もすぎたころ、とつぜん、天候《てんこう》がくずれた。風速二十メートルの強風がふきつけ、目もあけていられなくなった。そして、つかれきった六人の前に、大きな岩かべが立ちふさがった。足もとには、急な氷のしゃめんが、はるか下の谷に落ちこんでいる。あれくるった風は、一しゅんの休みも無《な》く、一行にたたきつけた。もう、身動きもできない。時間は、だんだんたっていく。

光次郎は思った。もし、ここで学生が一人でもたおれたら、たいへんなことになる。全員がそうなんするかもしれない。②そんなことが、あってたまるか――。

光次郎は、自分に言い聞かせた。どんなことをしても、ここを切りぬけるのだ。全力で戦《たたか》うのだ。③さあ、光次郎、しっかりしろ。

かれは、ザイルを体にまき、つるつるすべる岩かべに組みついた。そして、しゃくとり虫のように、じりじりと、横に、上にと登っていった。指先がわれ、血が流れた。だが、光次郎はひるまなかった。

やっと三十メートルばかり進み、せまい足場に立つと、「それっ。」とさけんで、ザイルを投げた。下で待っていた学生たちは、そのザイルをしっかりにぎりしめ、一人、また一人、登りだした。

その間、光次郎は、じっと岩の上でふんばり、みんなの動きを見守って、はげましの声をかけた。

「さあ、しっかり。おちついて行け。」

光次郎の全身は、氷のよろいを着たようになった。だが、岩をふみしめた足は、びくとも動かず、雪を浴《あ》びながら、すっくと立ち続《つづ》けた。

こうして、一行は、ついに冬の剣岳登頂に成功《せいこう》したのである。

（山本《やまもと》　栄一《えいいち》「山にささげた一生」）

(1) いつごろの話ですか。次から選《えら》んで、記号で答えなさい。〔　　〕

**ア** 江戸《えど》時代

**イ** 明治《めいじ》時代

**ウ** 大正時代

**エ** 平成《へいせい》時代

(2) 光次郎は「山のガイド」として、山に一生をささげた人ですが、この文章の場面では、どのようなことをしたのですか。

〔　　　　〕

(3) ――線①「冬の剣岳の頂上をきわめた者は、一人もいなかった」のは、なぜですか。

〔　　　　〕

(4) 東京から五人の学生が来た目的《もくてき》は何ですか。

〔　　　　〕

(5) ――線②「そんなことが、あってたまるか――。」とありますが、「そんなこと」とは、どのようなことですか。

〔　　　　〕

(6) ――線③「さあ、光次郎、しっかりしろ。」は、光次郎自身の言葉ですが、その時の気持ちを表した次の文の〔　〕にあてはまる言葉を書きなさい。

自分自身に〔　　　　〕気持ち。

(7) 文章から読み取れる光次郎の性格《せいかく》としてふさわしいものを、次から選んで、記号で答えなさい。〔　　〕

**ア** 自分が助かる方法を一番に考える性格。

**イ** 弱さをさらけ出すが、協調《きょうちょう》性のある性格。

**ウ** 強い信念《しんねん》で冷静《れいせい》に立ち向かう性格。

# ステップ2



**1** 次の文章を読んで、あとの問いに答えなさい。

ダーウィンの進化論《ろん》は、①すごく画期的《てき》な考え方だったんだ。こんなすごい考え方をしたひとはいなかった。

どうしてそんなすごい考えができたかっていうと、ダーウィンはわかいころに、ビーグル号という船で地球の南半球をぐるーっと一周している経験《けいけん》があったからなんだ。

（中略《ちゅうりゃく》）

ダーウィンは、見たこともない生き物をそこで見たり、サンゴしょうや地層《ちそう》をたくさん見た。そこでこう思ったんだ。

「こんなにたくさんの種類《しゅるい》の生き物やサンゴしょうができるには、とても長い時間が必要《ひつよう》だったにちがいない。ほんのすこしの変化《へんか》でも、②それがたくさんちくせきすれば、すごいものを生みだせるんだ！」

（③）ダーウィンは、地層のなかにうまっている化石も調べた。化石を調べれば、どんなふうに生き物がかわってきたかがわかる。地層の下のほうにうまっている骨《ほね》から順番《じゅんばん》にならべてみれば、変化のしかたがひと目でわかる。

ダーウィンは、④これらの証拠《しょうこ》から画期的な「進化論」をつくりあげた。

（齋藤《さいとう》　孝《たかし》「齋藤孝の親子で読む偉人《いじん》の話　4年生」）

(1) ――線①「すごく画期的な考え方」とありますが、なぜ「画期的な考え方」ができたのですか。（15点）

〔　　〕

(2) ――線②「それ」は、何を指していますか。（10点）

〔　　〕

(3) （③）に入るつなぎ言葉を次から選《えら》んで、記号で答えなさい。（5点）

ア しかし　イ そこで
ウ また　エ あるいは

〔　　〕

(4) ――線④「これらの証拠」の内容として適切《てきせつ》なものを次から選んで、記号で答えなさい。（10点）

ア 新しい種類の化石やさんごを見つけたこと。
イ 地層の下の方が生き物の骨の数が多いこと。
ウ 地層の化石から生き物の変化が見えること。

〔　　〕

## 2 次の文章を読んで、あとの問いに答えなさい。

日本は明治維新《めいじいしん》を成功《せいこう》させたから植民地になることはなかったけれど、アジアのほかの国は、おおくが植民地にされてしまった。

なかでも①インドはひどかった。イギリスは綿《めん》の織《お》りものをつくるのを得意《とくい》にしていたんだけれど、その原料の綿はインドからごっそり持ってきたものだ。

食べる塩《しお》にも、インド人は税金《ぜいきん》をかけられていた。インドの自然からとれる塩をインド人が使うのに、イギリス人にお金をはらわなきゃいけないっていうんだから、めちゃくちゃだよね。

こんなひどいインドをイギリスから独立させて、インド人のための国をつくろう、と強く思って②立ちあがったひとがいた。それがマハトマ・ガンジーだ。マハトマっていうのは、偉大《いだい》なるたましいっていう意味だ。インド人みんなが、ガンジーをほめたたえてつけたことばだ。

（齋藤　孝「齋藤孝の親子で読む偉人の話　4年生」）

(1) ——線①とは、どのようなことがひどかったのですか。文中の言葉を使って二つ答えなさい。（20点／一つ10点）

〔　　　　　　〕

〔　　　　　　〕

(2) ——線②は、だれのことですか。（10点）

〔　　　　　　〕

## 3 次の文章を読んで、あとの問いに答えなさい。

福沢諭吉《ふくざわゆきち》は、江戸《えど》時代の終わりごろに生まれたひとだ。武士《ぶし》の家に生まれたから武士だったんだけど、あまり身分の上の武士じゃなかったので、いいたいこともあまりいえなかった。

福沢先生は、ひとに身分の差《さ》をつけることが大きらいだった。生まれた家の身分が高いかどうかですべてが決まってしまう、①そんな社会はまちがっている、と福沢先生はわかいときに思ったんだ。福沢諭吉のお父さんも、家のちいがひくいことでくろうした。〔②〕、家がらでひとをはんだんするようなやり方は親のかたきだから、③自分はぜったいにかえてやる、と強く心にちかっていた。

（齋藤　孝「齋藤孝の親子で読む偉人の話　3年生」）

(1) ——線①「そんな社会」とは、どのような社会ですか。次の文の〔　〕にあてはまる言葉を書きなさい。（10点）

〔　　　　　　〕社会

(2) 〔②〕に入る言葉を次から選んで、記号で答えなさい。（10点）〔　　〕

**ア** だから　**イ** しかし　**ウ** あるいは　**エ** また

(3) ——線③「自分はぜったいにかえてやる」とは、どのようなやり方をかえようとしたのですか。（10点）

〔　　　　　　〕やり方

# 14 脚本《きゃくほん》を読む

学習のねらい

脚本は、「せりふ」と「ト書《とが》き」からできています。この二つを結《むす》びつけ、登場人物の関係《かんけい》に十分注意して、「せりふ」によるすじを追って読んでいきます。

月　日

答え➡別さつ17ページ

## ステップ1

**1** ［すじを読む］次の文章を読んで、あとの問いに答えなさい。

語り手1　ふえにさそわれて、歩き続《つづ》けたねずみは――。

語り手2　次から次へと川に飛《と》びこんで、水の底《そこ》に消えました。

語り手3　次の日、ふえふきは、さっそく市役所にやってきました。

語り手一が市役所の入り口を表す二本の門柱を立てる。

ふえふき　市長さん。出てきてください。このハメルンの町に、ねずみはいなくなりました。

市長と役人たち、あらわれる。

市　長　まったくゆめのようだ。ゆうべは、ハメルンの町じゅうの者が、ゆっくりねむったぞ。

ふえふき　では、やくそくどおり、お金をはらってもらいましょう。ねずみは、三千三百三十三万三千三百ぴきおりました。

役人たち　（おどろいて）三千三百三十三万三千三百ぴき。

ふえふき　一ぴき一万円として――。

市　長　待ってくれ。この町にはとてもそんな大金はないのだ。役人たちもよく知っている。

役人1　町の金庫はからっぽだ。そんな費用《ひよう》はどこにもないんだ。

ふえふき　それじゃ、あのやくそくはどうなるというんです。

市　長　ねずみは、かってに川へ飛びこんで、おぼれ死んだのだ。

役人2　命令《めいれい》だ。わかったら帰ってもらおう。

ふえふき　わかったとも。おまえたちのはらの底はよくわかった。明日になったら、もっとすばらしいふえの音を、町じゅうに流してやろう。何が起きても知らないからな。（あらあらしく去《さ》る。）

市　長　うまく追い返したぞ。

役人3　さすがは、市長さん。

市　長　だが、「何が起きても知らない」というのは、どういうことだろう。

役人4　あいつは、口から出まかせを言っているだけですよ。

市長、役人たち、話しながら去る。

**語り手1**　次の日になると、あのふえふきは、もう一度ひょっこりすがたを見せました。

**語り手2**　そうして、今までよりも、もっと楽しそうにふえをふきはじめたのです。

遠くからふえの音が流れてくる。

**語り手3**　すると、ハメルンの町では、また大さわぎが始まりました。

町の人たちが、あちらこちらから、あわてふためいてかけてくる。

うちの子がいなくなった。

うちの子も見えないの。

（小池　タミ子「ハメルンのふえふき」）

(1)　このげきに出てくる人をすべて選《えら》んで、記号で答えなさい。

〔　　　〕

**ア**　市長　**イ**　ふえふき　**ウ**　ねずみとりの人

**エ**　町の人　**オ**　けいさつの人　**カ**　工事をする人

**キ**　子ども　**ク**　役人

(2)　「語り手」は、どのようなことをしていますか。

〔　　　〕

(3)　だれがねずみを町からいなくなるようにしたのですか。

〔　　　〕

(4)　市長はやくそくをやぶるために、どう言ったのですか。

〔　　　〕

(5)　なぜ、子どもたちがいなくなったと思いますか。

〔　　　〕

**2**　［すじをつかむ］次の文は、あるげきのせりふをばらばらにしてならべたものです。正しい順《じゅん》に番号を書きなさい。

まくが開くと、五郎《ごろう》が、じぞうの前で、まごまごと、何かさがしている。――小鳥の声がする。

〔１〕へんだなあ、へんだなあ。（さがす）

鉄男、下手《しもて》から出て来る。五郎の後ろに回って、おどろかす。

〔２〕わあっ。

〔　〕（つりこまれて、いっしょに辺《あた》りを見回す。）

何、何をなくしたのさ。

〔　〕あっ。なんだ、鉄っちゃんか。

〔　〕うん。（きょろきょろして）さがしてるんだよ。

〔７〕ころころって、転がってしまったんだ。そこまで覚えているんだよ。

〔　〕何してるんだい、こんな所で。

〔　〕新しい十円玉だよ。ころころと、そのへんへ。

〔８〕だからさ。何をなくしたんだい。

# ステップ2

月　日
答え⬇別さつ17ページ
時間 30分
合かく 80点
とく点　　点

**1** 次の文章を読んで、あとの問いに答えなさい。

巣《す》の中の五羽の子つばめのもとに、ちょうちょを追って一ぴきのくもがやって来た。

子つばめ1　ちょうちょさんなら、あっちのほうへ行ったよ。
くも　ちぇっ！　早いやつだ。
子つばめ2　くもさん、その肩《かた》にかけているものはなあに。
くも　これかい。これはおもしろい道具なんだよ。
子つばめ3　その道具でどんなことをするの。見たいわ。
（　ア　）　見せてくれと言わなくても、見せてやるよ。それはそれは、おもしろいおしばいだからね。
子つばめ4　①おもしろいおしばいですって？
子つばめ5　早く見たいなあ。
子つばめ4　早く見たいわ。
くも　よしよし。それではぼつぼつ始めよう。
子つばめ1　おもしろそうだなあ。
（　イ　）　そんないい見物席《せき》で、こんなおもしろいおしばいをただで見られるなんて、もったいないほどだ。
子つばめ2　あとで、手をたたいてあげるわ。
くも、音楽に合わせて、枝《えだ》から枝へ、くもの巣《す》をはる。
子つばめ3　ああきれい。くもさん、その②ピカピカ光った、あみのようなものはなあに。
（　ウ　）　これで、おしばいをするんだ。いいかい。みんな、静《しず》かにして見なくっちゃいけないよ。
子つばめ4　ええ、だまって見るわね。
くも　見物の一等席だ。さ、子つばめのお客さま、いよいよ、おしばいの始まり、始まり。

（斎田《さいだ》　喬《たかし》「こわいおしばい」より）

(1) （ア）〜（ウ）に共通《きょうつう》して入る名前をぬき出しなさい。(10点)
〔　　　〕

(2) ——線①「おもしろいおしばいですって？」は、どのように言うとよいですか。次から選《えら》んで、記号で答えなさい。(10点)
〔　　　〕

ア　こわごわと言う　　イ　落ちついたように言う
ウ　きょう味深そうに言う　　エ　つまらなさそうに言う

(3) ——線②「ピカピカ光った、あみのようなもの」とは、

(4) 何を指していますか。(15点)

〔　　〕

くもは、「おしばい」として子つばめたちに何を見せようとしていますか。次から選んで、記号で答えなさい。(15点)

〔　　〕

**ア** いろいろな虫たちが飛《と》び回るようすを「おしばい」として見せようとしている。

**イ** くもが手ぎわよくくもの巣をはるようすを「おしばい」として見せようとしている。

**ウ** くもがどのようにくもの糸をつくるのかを「おしばい」として見せようとしている。

**エ** くもがかけた巣にえものがかかるところを「おしばい」として見せようとしている。

**2** 次の文章を読んで、あとの問いに答えなさい。

**語り手**　カール＝ハーゲンベックが、まだ少年のころの話です。父の代わりとなって、一人でアフリカに動物を買いに行ったことがありました。

㋐ドアをたたく音

〔①〕どうぞ。

〔②〕失礼《しつれい》します。カサノバさんですか。

**カサノバ**　ええ、わたしが動物商人のカサノバですが。

**カール**　ドイツから来たカール＝ハーゲンベックです。

**カサノバ**　えっ、あなたが。これは、おどろいた。お手紙では、もっと年を取ったかたかと……。

〔③〕わたしは、十六才になったばかりですが、去年から、父の手伝《てつだ》いで動物商人をしているのです。どうぞよろしく。

〔④〕こちらこそ、カールさん。動物たちは、あなたのお見えになるのを待っていますよ。さあ、このまどからごらんください。ホテルの庭は、いっぱいの動物ですから――。

㋑まどを開ける音。それにつれて、動物たちのにぎやかな声。

(1) これは、ラジオドラマのきゃく本です。①～④に入る名前を書きなさい。(20点／一つ5点)

①〔　　〕　②〔　　〕

③〔　　〕　④〔　　〕

(2) 〰線㋐・㋑の動作をした人の名前を書きなさい。(20点／一つ10点)

㋐〔　　〕　㋑〔　　〕

(3) カールは、何のためにアフリカに行きましたか。(10点)

〔　　〕

# 15 詩を読む

学習のねらい

詩を読むには、連《れん》（感情《かんじょう》・場所・時間などのまとまり）、擬人法《ぎじんほう》（人にたとえる）、体言止め（名詞《めいし》で文を終える）などを十分理解《りかい》することが大切です。

月　日

答え↓別さつ18ページ

## ステップ1

**1** ［詩の情景《じょうけい》］次の詩を読んで、あとの問いに答えなさい。

はじめて小鳥がとんだとき

原田《はらだ》　直友《なおとも》

はじめて小鳥がとんだとき
森は①しいんとしずまった
木々の小えだが手をさしのべた

うれしさと不安《ふあん》で小鳥の小さなむねは
どきんどきん大きく鳴っていた
「心配しないで」と　かあさん鳥が
やさしくかたをだいてやった
「さあ　おとび」と　とうさん鳥が
ぽんと一つかたをたたいた

はじめて小鳥がじょうずにとんだとき
森は②はく手かっさいした

(1) この詩には、どの技法《ぎほう》が用いられていますか。次から一つ選《えら》んで、記号で答えなさい。〔　　〕

ア 体言止め　イ 倒置法《とうちほう》　ウ 擬人法《ぎじんほう》

(2) ——線①「しいんとしずまった」とありますが、森は、なぜそのようになったのですか。

〔　　　　〕

(3) ——線②「はく手かっさいした」とありますが、森は、どんなときに「はく手かっさい」をしたのですか。

〔　　　　〕

(4) 作者は、どんなことに感動しているのですか。次から一つ選んで、記号で答えなさい。〔　　〕

ア はじめてなのに小鳥がじょうずにとんだこと。

イ 小鳥のとぼうという気持ちが強いこと。

ウ 小鳥がはじめてとぶのに、まわりのやさしさがささえになっていること。

**2** ［表現《ひょうげん》のくふう］次の詩を読んで、あとの問いに答えなさい。

梅《うめ》の木

南郷《なんごう》　芳明《よしあき》

花は上向きに咲《さ》くものだと
①何となく思ってきた

②ある日　私《わたし》は　庭にいて
梅の木には
下向きの花が多いことに気づいた

それはたぶん周囲《しゅうい》の生きものに
梅の木が　花びらで
やさしく語りかけるためなのだ

〈やっと気づいてくれましたね〉
③手紙のように
梅の香《かお》りが届《とど》いた

（「ジュニアポエムシリーズ141　花時計」）

---

(1) この詩には、擬人法が用いられています。擬人法が用いられている連を二つ、番号で答えなさい。

第〔　〕連　第〔　〕連

(2) ――線①「何となく思ってきた」とありますが、どのようなことを思っていたのですか。

〔　　　　〕

(3) ――線②「ある日　私は　庭にいて」とありますが、庭で私はどのようなことに気づきましたか。

〔　　　　〕

(4) ――線③「手紙のように」とありますが、何が「手紙のよう」なのですか。

〔　　　　〕

(5) 作者は、どんなことに感動しているのですか。次から一つ選んで、記号で答えなさい。

**ア** 梅の木にはよい香りをする花びらがあること。
**イ** 自分の庭で梅の木がきれいに咲いていたこと。
**ウ** 梅の木が生きものや自分に語りかけてきたこと。
**エ** 梅の花だけが他の花より元気に咲いていること。

〔　　〕

# ステップ2

答え➡別さつ18ページ

月　日

時間 30分　合かく 80点　とく点　点

**1** 次の詩を読んで、あとの問いに答えなさい。

かだんの　テーブル
まっかな　まっかな
チューリップグラス
なにが　はいってる?
太陽のひかり　はいってる

①のぞくと　ふしぎな　まんげきょう
うまれたての　グラスに
春が　あふれているよ

かだんの　テーブル
まっしろ　まっしろ
チューリップグラス
なにが　はいってる?
さわやかな風が　はいってる
ふうせんみたいに　ふくらむよ

②お気にいりの　グラスで
春を　のみほしたいな

（藤本《ふじもと》　美智子《みちこ》「緑のふんすい」）

(1) この詩に題をつけるとすれば、次のどれがよいですか。記号で答えなさい。(10点)
ア かだんのテーブル
イ チューリップと風
ウ 春のグラス
エ 太陽のかがやき
〔　　〕

(2) ——線①「のぞくと　ふしぎな　まんげきょう」とありますが、作者は何をのぞいたのですか。(10点)
〔　　　　〕

(3) この詩には、どの技法《ぎほう》が用いられていますか。次から一つ選んで、記号で答えなさい。(7点)
ア 擬人《ぎじん》法　イ 倒置《とうち》法　ウ 体言止め
〔　　〕

(4) ——線②「お気にいり……たいな」からは、どんな感じがしますか。次から選《えら》んで、記号で答えなさい。(10点)
ア うるさい感じ
イ いきいきした感じ
ウ さみしい感じ
エ のんびりした感じ
〔　　〕

(5) この詩に合うものを次から選んで、記号で答えなさい。〔　〕(10点)

ア 春のじょうけいに対するよろこびを書いている。
イ チューリップの色についてくわしく書いている。
ウ 太陽や風のうつくしさをていねいに書いている。

## 2 次の詩を読んで、あとの問いに答えなさい。

雪の朝

草野《くさの》 心平《しんぺい》

①まぶしい雪のはねっかえし。
青い。
②キララ子たちははしゃいで。
跳《と》びあがったりもぐったりしての鬼《おに》ごっこだ。
ああ。
まぶしい光のはねっかえし。
自分の額《ひたい》にもキララ子は映《うつ》り。
③うれしい。
空は［④］まえに乗りだし。
天の天まで見え透《す》くようだ。

(1) この詩は三つに区切ることができます。二つ目、三つ目の行の初《はじ》めに、「 の印《しるし》を書きなさい。(8点／一つ4点)

(2) ——線①と対句的《ついくてき》に書かれた行に、——線を引きなさい。(5点)

(3) ——線②とは、何ですか。次から選んで、記号で答えなさい。(10点)〔　〕

ア 子どもたち　イ 雪の結《けっ》しょう　ウ 天

(4) ——線②の動きが書かれている部分をぬき出して書きなさい。(10点)

〔　〕

(5) ［④］には、空がまえに乗りだした様子を表した言葉が入ります。次から選んで、記号で答えなさい。(10点)〔　〕

ア ドーンと　イ グーンと
ウ スーッと　エ ズーンと

(6) ——線③の理由を、記号で答えなさい。(10点)

ア 大気にふれて、すがすがしい気持ちになったから。
イ スキーができると、期待にむねがふくらんだから。
ウ 空が遠くまで、青くすきとおって美しかったから。

〔　〕

〔芦屋大附中—改〕

月　日

答え⬇別さつ18ページ

時間 30分　合かく 80点　とく点　点

**1** 次の文章を読んで、あとの問いに答えなさい。

病室には母さんがいた。長い髪《かみ》を短く切っていたので、知らない別人のように思えた。

もともと母さんは細身だったけど、髪型《がた》が変《か》わって、前よりずっとやせて見えた。疲《つか》れ切った様子だった。

「どうなんだ、みゆきの具合は？」

①バッグを抱《かか》えたまま、父さんが聞いた。

「なんとか落ちついたみたい。今は点滴《てんてき》をうってもらって眠《ねむ》ってるわ。こんなひどい発作《ほっさ》初めてだったから、私《わたし》もおどろいてしまって……。」

②かすれた低い声で母さんはいった。

窓《まど》ぎわのベッドにみゆきは眠っていた。

ぼくはベッドに近づき、静《しず》かな寝息《ねいき》を立てているみゆきの顔を見た。

こんなに穏《おだ》やかに眠っている妹が、③激《はげ》しい発作で苦しんでいたなんて想像《そうぞう》できなかった。

（福田《ふくだ》　隆浩《たかひろ》「幽霊魚《ゆうれいぎょ》」）

(1) ――線①とあるのは、父さんのどんな様子を表していますか。（10点）

［　　　　］

(2) ――線②「かすれた低い声」とありますが、ここからだれのどのような様子がわかりますか。（10点）

ア 父さんが、みゆきに会えずに落ちこんでいる様子。

イ 母さんが、みゆきのかん病でくたびれている様子。

ウ ぼくが、ねているみゆきにはらを立てている様子。

［　　］

(3) ――線③とありますが、そう思った理由は何ですか。（15点）

［　　　　］

**2** 次の文章を読んで、あとの問いに答えなさい。

バッハが、なんであんなにたくさん、すばらしい曲を作曲できたのか？

それは、曲をつくることを神さまへのささげものだと思っていたからなんだ。このうちゅうをつくり、生命の母であり、人間をこの世に生みだしてくれたもの。それをもし「①神」とよぶのなら、その神に感謝《かんしゃ》をささげることは、自分たちに命があることをよろこぶことにもなる。「生きているってほんとうにすばらしい。このことを神に感謝したい」

②そんな思いで、バッハは作曲をした。

（齋藤《さいとう》　孝《たかし》「齋藤孝の親子で読む偉人《いじん》の話　3年生」）

(1) バッハが、たくさんの曲をつくったのは、なぜですか。文中からぬき出して書きなさい。（10点）

〔　　　　　　　　〕

(2) ――線①「神」とは、どのようなことをしましたか。三つ書きなさい。（12点／一つ4点）

〔　　　　〕〔　　　　〕〔　　　　〕

(3) ――線②「そんな思い」とは、どんな思いですか。（8点）

〔　　　　　　　　〕

**3** 次の詩と鑑賞《かんしょう》文を読んで、あとの問いに答えなさい。

夕日　　宗《そう》　武志《たけゆき》

夕日は
杉《すぎ》を
かけのぼる
なげけ　巣《す》の蜂《はち》

季節《きせつ》にふれる言葉はないが、［①］と知れる。［①］の日はつるべ落とし。もえるような夕日がしずむ直前、杉の木を真っ赤にそめるのを［②］とみた。その〈ほのお〉にあおられて、巣にかたまっていた蜂たちがさわぐ。――［③］

(1) ［①］に入る季節を、漢字で書きなさい。（10点）

〔　　　　〕

(2) ［②］に入る、詩の中の適当な一語を書きなさい。（10点）

〔　　　　〕

(3) ［③］に入る、この詩の鑑賞として適当なものはどれですか。記号で答えなさい。（15点）

〔　　　　〕

ア 瞬間《しゅんかん》の光景《こうけい》を切り取った簡潔《かんけつ》な表現《ひょうげん》がするどく、あざやかだ。

イ 想像《そうぞう》の世界《せかい》を明るくえがいた表現がいきいきとして、かろやかだ。

ウ 風景の変化《へんか》をとらえたわかりやすい表現が静《しず》かで、なごやかだ。

エ 実際《じっさい》の出来事を伝《つた》える素直《すなお》な表現がみずみずしく、さわやかだ。

〔青山学院中〕

# ステップ3 ②

月　日　答え⬇別さつ18ページ
時間30分　合かく80点　とく点　点

**1** 次の文章を読んで、あとの問いに答えなさい。

大雨はあのよく日にやんで、それからの数日は、くもり。今朝《けさ》になってようやく強い日差《ひざ》しがもどった。

それでも、*カヤ原の中はぬかるんでいる可能性《かのうせい》が高いから、きょうは調査《ちょうさ》はない。

とりあえず、ようすを見るためにやってきたのだ。

大野川は、もとのおだやかな流れにもどっていた。けれどカヤ原は、オギが根もとからおれていたり、どろでよごれていたり、周囲《しゅうい》をぐるりと歩いただけでも、このまえとはまるでちがった。

「あーあ。」

①思わずため息をついた。

「まいったな。」

サヨさんが顔をごしごしこする。

わたしは頭がくらくらして、それが暑さのせいか、目の前の光景《こうけい》のせいか、わからなかった。

「さあ、真希《まき》ちゃん、つぎのカヤ原も見ておかなくっちゃね。子カヤたち、ぶじだといいんだけど。」

サヨさんが、ぼうしをぐいっと深くかぶった。わたしもまねして、ぼうしを深くかぶり、サヨさんのあとをついていく。

「この調子じゃ……あれっ？」

サヨさんが、とちゅうで言葉を止めた。

「真希ちゃん、ほら、あそこ！」

指さしているのは、わたしたちがこれから行こうとしているカヤ原だ。

「うわっ」

わたしも、目をむいた。

ブルーシートにおおわれた土手の斜面《しゃめん》。その下の土の山。そばに、ブルドーザーが、でんといる。そして、その手前にあったカヤ原の半分以上がブルトーザーでつぶされてしまっていた。

「大雨でくずれた斜面を工事するんだ……。」

サヨさんは言いながら、リュックからメモを出した。せかせかとページをくっている。②わたしはだまったまま、ぼうぜんとカヤ原を見つめていた。

雨と風と水でいたんでしまったカヤ原も胸《むね》がいたんだけれど、今、見ているカヤ原は、もうカヤ原じゃなくて、ただの荒《あ》れ地に見えた。

「22、23、24。子カヤがいた25番、真希ちゃん、いっしょにさがして！」

サヨさんは、まるで迷子《まいご》のようだった。メモを見ながらかけていっては、首をひねって、またかけていく。わたしはおろおろしながら、うしろをついてまわった。

とちゅう、サヨさんが、あらい息で言った。

「どの巣《す》も見つからないわ。子カヤたちも、もうだめかもしれない。」

「うん……。」

くちびるをかんで、もういちど、カヤ原に目を走らせる。そのとき、かたむいたオギの中に白いテープがちらっと見えた。

「あ、サヨさん、あれ！」

白いテープは近くに巣があるしるしだ。

「ほんとだ！」
③サヨさんの目がかがやいた。わたしたちは競争《きょうそう》するようにかけよって、すぐに巣を見つけた。
「25番だわ！　巣もいたんでないわ！」

サヨさんは大急ぎでファイバースコープをリュックから出し、その先を巣の中につっこんだ。

「わあ、いる！」

サヨさんが低く、力のある声で言った。

「よかったあ！」


（あんず　ゆき「土手をかけおりよう！」）

＊カヤ原＝カヤネズミのすみか。サヨさんはカヤネズミの調査をしている。

---

(1) ――線①「思わずため息をついた」とありますが、それはなぜですか。（30点）

〔　　　　〕

(2) ――線②とありますが、このときの「わたし」の気持ちとして適当《てきとう》なものを次から二つ選《えら》んで、記号で答えなさい。（30点）

**ア** きっと子カヤたちは元気だろう。
**イ** カヤネズミが無事《ぶじ》かどうか心配だ。
**ウ** 子カヤがいた25番をさがしてみよう。
**エ** サヨさんが落ちこんでいて、かわいそう。
**オ** つぶれたカヤ原を、どうしたらいいだろう。

〔　　〕〔　　〕

(3) ――線③について次の問いに答えなさい。

① 「サヨさん」は、何を見つけましたか。（15点）

〔　　　　〕

② 「サヨさん」が見つけたものをきっかけに、どのようなことがわかりましたか。二十字以上三十字以内で答えなさい。（25点）

# 16 説明《せつめい》文を読む

学習のねらい

説明文を読む場合は、文章でくり返し登場している重要語句《じゅうようごく》を見つけて、話の内容《ないよう》を予想《よそう》します。形式段落と意味段落《だんらく》で、それぞれのつながりを考えて読んでいきます。

月　日

答え⬇別さつ19ページ

## ステップ1

**1** ［組み立てに注意して読む］次の文章を読んで、あとの問いに答えなさい。

1　みなさんは、鉄のように硬《かた》い金属《きんぞく》も、大工さんがかんなで板を削《けず》るのと同じように削れるということを知っていますか。鉄は溶《と》けます。お寺の鐘《かね》は、たいやきをつくるのと同じで、溶けた鉄を型《かた》に流しこめばできます。また鉄は曲げたり伸《の》ばしたりできるので、スプーンやぶらんこの鎖《くさり》やパイプの椅子《いす》のようにいろいろな形のものがつくれることはよく知られています。（　①　）鉄を正確《せいかく》に、真ん丸や真っ平らに削ることができることは、あまり知られていません。

2　でも、自動車や電車が走ったり止まったりできるのも、何万トンもの船が太平洋《たいへいよう》を往復《おうふく》できるのも、車や船を動かす機械《きかい》が正確に働《はたら》くからです。㋐その機械は、くるくる回転する鉄の部品や、上下左右に往復する部品が組み合わさってできているのですが、その部品のひとつは、ものすごく正確に真ん丸や真っ平らにつくられています。どのくらい正確かというと、一〇〇分の一ミリメートルとか一〇〇〇分の一ミリメートルの狂《くる》いもないほど正確なのです。

3　「えっ、そんなことができるの」と不思議《ふしぎ》がられるかもしれないけれど、ほんとうです。

4　わたしは十八歳《さい》のときに、鉄などの金属を削る旋盤《せんばん》という機械で仕事をする工場で働きはじめました。それから五十一年間ずっといくつかの工場で働いたので、カメラや自動車の部品も、船やロボットや宇宙《うちゅう》ロケットの部品も削りました。

5　こけしや野球のバットをつくるようすを見たことはありませんか。ろくろという機械で木材《もくざい》をくるくる旋回させて刃物《はもの》で削ると、こけしやバットのように太くも細くも、丸い柱状のものをつくることができます。旋盤という機械は、㋑あれに似ています。工場には平らに削る機械もあります。そういう機械は、カメラや車のような機械をつくる機械なので、②マザーマシンと呼びます。「母なる機械」です。わたしたちの身のまわりにあるテレビや時計やエレベーターなどの機械はみんなその母なる機械から生まれたものです。

⑥（③）、その母なる機械はだれがつくったのでしょう。そんな機械が海や山や畑からとれるわけではありません。それをつくるのも人間です。人間にしかできません。

⑦大昔の人びとは、硬《かた》い石を削っておのや矢じりをつくったり、火を使って砂鉄《さてつ》から鉄をつくり、その鉄でいろいろな道具をつくったりしました。長い歴史《れきし》のなかで、人間はいろいろなものをつくる④知恵《ちえ》と技《わざ》を発達《はったつ》させました。その知恵と技を技術《ぎじゅつ》と呼《よ》びます。

⑧（⑤）、いまはだれでも知っている道具のひとつにのこぎりがあります。ギザギザの刃のついたあののこぎりを、人類《じんるい》は長いこと持っていませんでした。それまでの長い間、刃物の刃はみんな包丁《ほうちょう》のように平らな形をしていたのです。山から木を切ってきて家を建《た》てるとします。丸い柱を同じ長さに切りそろえるのに、のこぎりがなかったら大変な苦労《くろう》です。

⑨それと同じように鉄も、溶かしたりたたいて曲げたり伸ばしたりすることは早くからできたのですが、削って真ん丸にしたり真っ平らにしたりは、なかなかできませんでした。でもいろいろな□が発達するにつれて、人間はやがて鉄を削る機械や刃物をつくることに成功します。人間って、すごいですね。

（小関《こせき》　智弘《ともひろ》「町工場のものづくり」）

---

(1)（①）、（③）、（⑤）に入るつなぎ言葉を次から選《えら》んで、記号で答えなさい。

ア では　イ たとえば　ウ ところが　エ また

①〔　〕③〔　〕⑤〔　〕

(2) ——線㋐「その」、——線㋑「あれ」が指す内容を、それぞれ書きなさい。

㋐〔　〕

㋑〔　〕

(3) ——線②「マザーマシン」の働きとして適当《てきとう》なものを次から選んで、記号で答えなさい。〔　〕

ア カメラや自動車など日常《にちじょう》生活の中心となる機械。

イ 便利な暮《く》らしのために人間たちが発明した機械。

ウ 機械のもととなる部品などを正確につくる機械。

(4) ——線④「知恵と技を発達させました」について、その結果人間はどのようなことに成功しましたか。

〔　〕

(5) □には、文中の漢字二字と同じ言葉が入ります。その言葉を書きなさい。〔　〕

(6) 次の文は、①～⑨のどの段落《だんらく》のあとに入れればよいですか。番号で答えなさい。〔　〕

一本の丸太から薄《うす》い板を何枚もつくるなんてできませんでした。

# ステップ2

答え⇒別さつ19ページ

月　日

時間 30分　合かく 80点　とく点　点

**1** 次の文章を読んで、あとの問いに答えなさい。

|1| 今、自然破壊《しぜんはかい》が大問題になっていますが、わたしたちのからだも、自然そのものです。不自然なくらし方をすれば、からだの働《はたら》きに異常《いじょう》が生ずるのはとうぜんのことといえるでしょう。

|2| (ア)鳥のわたりにも、生物時計*が役立っていると考えられています。日本のわたり鳥には、ツバメのように春、日本にやってきて、ひなをそだて、秋、さむくなって昆《こん》虫《ちゅう》などのえさになるものが少なくなると、あたたかい南方へわたっていく「夏鳥」と、ナベヅルやマガモのように、日本より北のカムチャツカ*やシベリア*で、夏のあいだひなをそだて、秋になってえさが少なくなると日本にわたってきて、冬をすごす「冬鳥」とがあります。

|3| 目的地を往復《おうふく》するとちゅう、日本に立ちよって、からだをやすめたり、えさを補給《ほきゅう》したりする鳥は「旅鳥」といいます。

|4| 夏鳥のツツドリは、日本とオーストラリア大陸《たいりく》やインドネシアの島々のあいだを往復します。

|5| ホッキョクアジサシという鳥は、日本にはあらわれませんが、北極《ほっきょく》近くのグリーンランドやラップランド半島に六月ごろ帰って、ひなをそだて、短い夏のおわる八月末《まつ》には、大西洋《たいせいよう》を横切って一月か二月には、南アメリカの南端《なんたん》から、南氷洋にまで達《たっ》します。その距離《きょり》は、往復三万五〇〇〇キロメートルにもなり、往復旅行に、一年のうち約四〇週間をついやします。

|6| 大旅行をして、ちゃんと目的地につくわたり鳥には、(イ)どんな能力《のうりょく》がそなわっているのでしょうか？

|7| わたり鳥は、太陽をコンパスとしてつかい、体内時計で時刻《じこく》をはかって、方向を知るらしいことが、多くの研究からわかってきました。

|8| わたり鳥のホシムクドリなどの鳥のむれは、よく晴れた、太陽がはっきりみえる日には、大部分の鳥がおなじ方向にとびたっていきます。[　]、くもって太陽のよくみえない日には、とぶ方向がばらばらになってしまいます。

|9| これだけでも、鳥が、太陽をめじるしにして、方向をきめているらしいことがわかります。

（真船《まふね》 和夫《かずお》「わたしの研究⑤ カラスウリのひみつ」）

＊生物時計＝生物の体内にある自然なリズム。
＊カムチャツカ＝ロシア東部の地方。
＊シベリア＝アジア大陸北部に広がる地域《ちいき》。

(1) [1]〜[9]の段落《だんらく》のつながりとして適当《てきとう》なものを次から選《えら》んで、記号で答えなさい。(20点)

ア [1]／[2] [3] [4] [5]／[6] [7] [8]／[9]
イ [1]／[2]／[3] [4] [5]／[6] [7] [8]／[9]
ウ [1]／[2]／[3] [4]／[5] [6]／[7] [8] [9]
エ [1]／[2] [3] [4] [5]／[6]／[7] [8] [9]

〔　　〕

(2) ——線㋐「鳥のわたり……考えられています」について、次の①〜③が関係のあるものをあとから二つずつ選んで、記号で答えなさい。(15点／一つ5点)

① 夏鳥〔　　〕〔　　〕
② 冬鳥〔　　〕〔　　〕
③ 旅鳥〔　　〕〔　　〕

ア 冬は日本に来てすごす。
イ 目的地の途中でえさをさがしに日本へ来る。
ウ 夏に日本より北の地方でひなをそだてる。
エ 春に日本でひなをそだてる。
オ 体を休めるために日本に立ちよる。
カ 寒くなると南に移動する。

(3) わたり鳥がとぶ時間の長さについて書いてあるのは、どの段落ですか。番号で答えなさい。(15点)

〔　　〕

(4) 次の①〜⑤は、どの種類《しゅるい》の鳥ですか。あとから選んで、記号で答えなさい。ただし、同じ記号を二回以上使ってもかまいません。(15点／一つ3点)

① ツツドリ〔　　〕
② ナベヅル〔　　〕
③ ホッキョクアジサシ〔　　〕
④ ツバメ〔　　〕
⑤ マガモ〔　　〕

ア 夏鳥　イ 冬鳥
ウ 日本に来ないわたり鳥

(5) [　]に入るつなぎ言葉を次から選んで、記号で答えなさい。(15点)

ア そして　イ しかし
ウ だから　エ あるいは

〔　　〕

(6) ——線㋑「どんな能力……いるのでしょうか」について、筆者はわたり鳥の体内にどのような力がそなわっていると考えていますか。文中の言葉を使って書きなさい。(20点)

〔　　〕

# 17 観察《かんさつ》文・記録《きろく》文を読む

学習のねらい

観察文・記録文では、何を、何のために観察しているのかをつかみ、どのような順序《じゅんじょ》で書かれているかを調べます。また、段落《だんらく》の中心は何かをとらえます。

月　日

答え⬇別さつ19ページ

## ステップ1

**1** [観察文の順序] 次の文章を読んで、あとの問いに答えなさい。

八月二十二日（日）

朝、起きて見ると、まゆにあなが空いていた。まゆをやぶったじがばちの成虫は、はねを動かしたり、ビーカーの中を歩き回ったりしている。

日曜日なので、父もうちにいた。うちじゅうの者が、ビーカーを置いたつくえの周《まわ》りで、しばらくながめていた。父が、「じがばちは、なしの葉や実を食べる、青虫のような害虫《がいちゅう》を取るのだから、もう放してやりなさい。」と言った。

夕方、なし畑の近くまで持って行って、放してやった。じがばちは、急に広い所に出てびっくりしたのか、しばらく、ぐるぐる歩き回っていた。

(1) この文章は、何について観察したものですか。

〔　　　　〕

(2) この観察文のよいところは、どこだと思いますか。次から選《えら》んで、記号で答えなさい。〔　〕

**ア** ほかの人の言葉を入れていて、観察した日の様子がよくわかる。

**イ** じがばちの様子をていねいに書いている。

**ウ** 感じたことをたくさん書いている。

(3) この観察文には、大切なものがぬけています。次のどれですか。記号で答えなさい。〔　〕

**ア** 書いた人の名前　**イ** 天気

**ウ** 観察したものの絵

(4) 夕方、じがばちを放しに行きましたが、なぜ、そうしたのですか。

〔　　　　〕

(5) この文章は、観察記録文の初《はじ》めのほうですか。それとも終わりのほうですか。その理由も書きなさい。

〔　　〕

理由〔　　　　〕

**2** 〔よく観察しているところ〕次の文章を読んで、あとの問いに答えなさい。

セミのよう虫は、大きく曲がった前足をゆっくり動かしている。体全体が茶色で、やわらかである。目・しょっ角・管《くだ》になっている口が、はっきりわかる。足も、六本そろっている。はらには、横にしまのようなもようがある。はねは、小さくて、耳のような形をしている。

(1) この文章は、何について説明《せつめい》したものですか。

〔　　　〕

(2) 観察したことを、六つに分けて書きなさい。

〔　　　〕〔　　　〕〔　　　〕〔　　　〕〔　　　〕〔　　　〕

**3** 〔段落を考えて〕次の文章を読んで、あとの問いに答えなさい。

八時二十分、もう、写生がまにあわなくなりました。いちばんにおいが、へやじゅうにぷんぷんしています。

初めに開いた花は、花びらがはっきり分かれて見えます。がくが、花びらのまわりでぴんとしています。無数《むすう》のおしべが、めしべを包《つつ》むように、黄色い粉《こな》をいっぱいつけて、静《しず》かにゆれています。つかれたので、スケッチをやめて、見るだけにしました。よく見ると、一まいの葉に、六つの切れこみがあって、どの花も上の方の切れこみから出ています。少しはなれて木全体を見ると、クリスマスツリーをかざったようです。白い花びらにあずき色のがく……名前のとおり、本当にきれいな花です。

(1) この文章は、二つの段落に分けられます。二番目の段落の初めの五字を書きなさい。

□□□□□

(2) 作者は、どんな様子を写生していたのですか。

〔　　　〕

(3) 花は、どこから出ていますか。

〔　　　〕

(4) ——線「静かにゆれています」とありますが、それは何ですか。

〔　　　〕

# ステップ2

月　日

答え➡別さつ19ページ

時間30分　合かく80点　とく点　点

**1** 次の文章を読んで、あとの問いに答えなさい。

水が0℃でこおることは、理科で勉強したが、0℃になったらすぐこおるのか、どんなにしてこおるのかわからない。

それで、わたしは、氷ができるところを調べてみようと思った。

一月二十日は、たいへん風が強く、耳がいたいくらいの寒さだった。午後二時の気温は、三℃だった。

わたしは、学校から帰ると、ミルクかんに水道の水をくんで、げんかんに出た。温度計を二本用意して、気温と水の温度の両方を計ることにした。

午後五時、気温は一℃、水の温度は八℃だった。それから、五分たって七℃に下がった。この五分間がずい分長く思われた。それからは、なかなか下がらないので、風のよく当たる庭で計ると、気温は0℃だった。五分たって、水の温度は五℃に下がった。

辺《あた》りが暗くなってきたので、わたしは、かいちゅう電《でん》灯《とう》をつけて温度計を見つめた。

五時三十分、気温はれい下二℃、水の温度は、やっと三℃になった。五時四十分、気温はれい下二・五℃に、水の温度は一℃になった。

五時五十分、水の温度は、ついに0℃になった。わたしは、うれしくなって、思わず手をたたいた。しかし、ふしぎなことに、氷はまだはらない。おかしいなと思って、水をじっと見つめた。

三分たった。水の表面に、木の小えだのようなものができた。おやっと思うまに、小えだはどんどんふえていって、急に、えだとえだとの間が白っぽくにごってきた。そっとさわると、氷だった。

わたしは、「できた。できた。」と、大きな声でさけんだ。気温を見ると、れい下三℃だった。なんだか、大きな発見をしたような気持ちになった。

重要

(1) 作者が実験《じっけん》をしてみようという気持ちになったのは、どういうことからですか。(10点)

〔　　　〕

(2) 次のことがらが時間の流れに合うように、〔　〕に番号を入れなさい。(20点)

〔　〕「できた。できた。」と大きい声でさけんだ。

〔　〕水の温度が五℃に下がった。

〔　〕気温は三℃だった。

〔　〕水の表面に、木の小えだのようなものができた。

〔　〕かいちゅう電灯をつけた。

〔　〕大きな発見をしたような気持ちになった。

## 2 次の文章を読んで、あとの問いに答えなさい。

まず、水の音に注意することです。水道のせんから出る水の音に気をつけていれば、どのくらいたまったか、だいたいわかります。

けれども、ふろ場からはなれていたり、ラジオやテレビがつけてあったりすると、よくわかりません。

（①）、ふろ場の戸がしまっていても、よくわかりません。

（②）、次に、ちょうどいいくらい水を入れるのに、どれだけかかるか、時間をはかってみることも、一つの方法《ほうほう》だと思います。水をためるのにかかる時間を知っておけば、何回も見に行かなくてもすむと思ったからです。

（③）、じっさいにはかってみると、あまりあてになりませんでした。最初《さいしょ》の日は、二十分でちょうどいいぐらいになったのに、次の日は、そこまではたまりませんでした。ときには、二十分間では、水が多すぎることもありました。

(1)（①）～（③）に入る言葉を次から選《えら》んで、記号で答えなさい。(15点／一つ5点)

ア また　イ つまり　ウ ところが　エ そこで

①〔　〕　②〔　〕　③〔　〕

重要

(2) この文章は、何について書いたものですか。(15点)

〔　〕

(3) 水道から出る水の音に注意する方法には、どんな不便《ふべん》なことがありますか。(20点)

〔　〕

(4) 時間ではかる方法には、どんな不便なことがありますか。(20点)

〔　〕

# 18 日記・手紙を読む

学習のねらい

日記にはいろいろな種類《しゅるい》があります。それぞれに合った読み取りが必要《ひつよう》です。手紙は、だれが、だれに、何のために書いているのかを読み取ります。

月　日

答え⬇別さつ20ページ

## ステップ1

**1** ［日記］次の日記を読んで、あとの問いに答えなさい。

十二月十九日　水曜日　晴れ

今朝は、とても寒かった。わたしは、かぜをひいているので、起きるのが、（①）つらかった。

学校へ行くと、もう、何人かの人がサッカーをしていた。森川さんは、顔に（②）あせをかいてがんばっていた。わたしは、カバンをおくと（③）外に出て、なかまに入った。わたしがパスしたボールを、後藤《ごとう》さんがシュートして一点入れた。わたしのチームが勝った。

一時間目は、新しい児童会《じどうかい》の会長・副会長《ふくかいちょう》の選挙《せんきょ》があった。わたしは、会長には、とてもユーモアがあり、（④）、スポーツがとくいで、みんなが助け合う学校にしたい、と言った林君に入れた。選挙の結果《けっか》、会長に林君、副会長に鈴木《すずき》君、山田さんが選《えら》ばれた。

(1) （①）～（④）に入る言葉を次から選んで、記号で答えなさい。

①［　］　②［　］　③［　］　④［　］

**ア** いっぱい　**イ** すぐ　**ウ** しかし

**エ** しかも　**オ** とても　**カ** すっかり

(2) この日記で書きたかったことは何ですか。次から二つ選んで、記号で答えなさい。［　・　］

**ア** サッカーをして勝ったこと。

**イ** 今朝は、とても寒かったこと。

**ウ** わたしが、かぜをひいて苦しかったこと。

**エ** 児童会の選挙があったこと。

(3) この日記をできごとにそって三つに分け、それぞれの内容《ないよう》をかんたんにまとめなさい。

一番目［　］

二番目［　］

三番目［　］

(4) 選挙で林君に入れたのは、なぜですか。

［　］

**2** ［手紙］次の手紙を読んで、あとの問いに答えなさい。

老人《ろうじん》ホームのみなさん、お元気ですか。

ぼくは、さくら第一小学校四年生の田中光一です。

先日は、ホームの様子を見学させていただいて、ありがとうございました。

ホームの中では、たくさんの機器《きき》があることにおどろきました。それらが動いているのを見たり、じっさいに作業を手伝わせてもらったりできて、とても勉強になりました。

お年よりのかたがたとお話するとき、はじめはとまどってしまいましたが、係のかたが手助けしてくださり、最後《さいご》はみなさんと仲よくなることができました。

これからも、お体に気をつけてお仕事をがんばってください。

令和《れいわ》元年　五月十六日

さくら第一小学校

田中　光一

老人ホームのみな様

(1) 「だれが」「だれに」出した手紙ですか。

［　　　］が［　　　］に出した手紙

(2) 手紙を書いたのは、いつですか。

［　　　］

(3) 手紙は「前文」「本文」「末文《まつぶん》」の形で書きますが、次の問いに答えなさい。

① この手紙では、「前文」でどのようなことを書いていますか。三つ書きなさい。

［　　　］［　　　］［　　　］

② 「本文」ではどのようなことを書いていますか。二つ書きなさい。

［　　　］［　　　］

③ 「末文」ではどのようなことを書いていますか。一つ書きなさい。

［　　　］

(4) この手紙で知らせたいことは何ですか。

［　　　］

(5) これは、どんな手紙ですか。次から選んで、記号で答えなさい。

［　　　］

ア お見まい　イ お礼

ウ おわび　エ 案内《あんない》

# ステップ2



**1** 次の日記を読んで、あとの問いに答えなさい。

五月十日　水曜日　晴れ

今日、先生から、かたつむりを八ひきいただきました。体もからも茶色のが四ひきと、黒いのが四ひきです。ぼくは、植木ばちに入れてかうことにしました。

五月十六日　火曜日　晴れ

茶色のかたつむりは、えさと同じ色のふんをします。じゃがいもをやると、きれいな白いふんをします。青いなっぱをやると、こい緑色のふんをします。

けれども、黒いかたつむりは、何を食べても、いつも黒いふんばかりしています。どうしてだろうと、ふしぎに思いました。

五月十八日　木曜日　雨

今日、にんじんをやりました。かたつむりは、にんじんが大すきらしいのです。にんじんからちっともはなれないで、とうとうあなだらけにしてしまいました。

茶色のかたつむりのふんは、みかん色でした。黒いかたつむりは、やっぱり黒いふんをしていました。

かたつむりは、かたつむりの口を見つけました。二ミリぐらいで、その間から、こげ茶色のしたが見えました。

---

(1) このような日記を、何といいますか。次から選《えら》んで、記号で答えなさい。（5点）〔　　〕

ア 生活日記　イ 学習日記　ウ 観察《かんさつ》日記

(2) どんなかたつむりを、何びきかっていますか。（20点）

〔　　〕かたつむりを〔　　〕ひき

〔　　〕かたつむりを〔　　〕ひき

重要 (3) 日記の内容《ないよう》を次のようにまとめました。〔　〕に入る言葉を書きなさい。（35点／一つ5点）

㋐ 茶色のかたつむりは、〔　　〕と同じ色のふんをする。

㋑ 黒いかたつむりは、何を食べても〔　　〕ふんばかりする。

㋒ 〔　　〕のかたつむりは、じゃがいもをやると、白いふんをし、青いなっぱをやると、こい〔　　〕のふんをする。

㋓ かたつむりの口は〔　　〕ぐらいで、その中に〔　　〕のしたがある。

㋔ かたつむりは、〔　　〕が大すきなようだ。

## 2 次の手紙を読んで、あとの問いに答えなさい。

1 春の気配が感じられるこのごろですが、東京のほうはいかがですか。君のことだから、元気でがんばっていることでしょう。ぼくも元気に①通学しています。

2 君が東京の学校に転校してから、三か月になりますね。この間の手紙では、教㋐科書がちがっていたり、つい方言が出たりして、こまることもあったようですが、まだそちらの学校の生活にもなれたことと思います。

3 こちらでは、今、クラス対抗《たいこう》のソフトボール大会中で、ぼくのクラスは②守備《しゅび》が弱いので③不安《ふあん》でしたが、やはり、C組との試合《しあい》では、④苦戦《くせん》のしどうしでした。五回まで同㋑点が続《つづ》いていたのですが、ぼくのホームランで、やっと勝つことができました。

4 先日、山田先生が「木村君が帰ってきたらいっしょに遊びに来ないか。」と⑤言ったので「必《かなら》ず、⑥行きます。」と返事をしておきました。

5 もうすぐ卒業《そつぎょう》ですね。⑦ぼくの目標《もくひょう》は中学校に入ってからも野球を続けたいです。

6 また帰る日を知らせてください。では、お元気で。さようなら。

---

(1) 2・3の段落《だんらく》には、言葉の使い方やかなづかいがまちがっているところが二か所あります。それぞれぬき出して、正しく直して書きなさい。（6点／一つ3点）

2の段落〔　　〕→〔　　〕

3の段落〔　　〕→〔　　〕

(2) ――線①～④のそれぞれの熟語《じゅくご》と同じ組み立てのものを次から選んで、記号で答えなさい。（12点／一つ3点）

①〔　　〕　②〔　　〕　③〔　　〕　④〔　　〕

ア 明暗　イ 残暑《ざんしょ》　ウ 読書　エ 救助《きゅうじょ》　オ 未完《みかん》

(3) ～～線㋐・㋑の漢字の部首名を書きなさい。（6点／一つ3点）

㋐〔　　〕　㋑〔　　〕

(4) ――線⑤「言ったので」、――線⑥「行きます」は、敬語《けいご》を使うべきところです。正しい敬語表現《ひょうげん》に直して書きなさい。（6点／一つ3点）

⑤〔　　〕　⑥〔　　〕

(5) ――線⑦は、まちがった表現をしています。「ぼくの目標は」に続けて、正しく直して書きなさい。（10点）

ぼくの目標は〔　　〕です。

〔金光学園中―改〕

月　日

答え↓別さつ20ページ

時間 30分　合かく 80点　とく点　　点

**1** 次の文章を読んで、あとの問いに答えなさい。

蚊《か》ばしらを作るのはオスだけです。なんのために㋐こんなことをするのでしょうか。わたしが東北大学にいたころ、アカイエカで観察《かんさつ》したことをお話ししましょう。

アカイエカの蚊ばしらは、ふしぎなことに、毎日同じ場所にできます。みなさんも蚊ばしらを見かけたら、よく場所を見さだめておいて、あくる日、もう一回見てごらんなさい。きっと同じ場所に蚊ばしらが立っているはずです。

いつも㋑その場所にできるのは、そこに何か蚊をひきつけるものがあるからだと思われます。それが一体何なのかは、まだわかっていません。

（千葉《ちば》　喜彦《よしひこ》「蚊も時計を持っている」）

(1) この文章に題をつけるには、次のどれがよいですか。記号で答えなさい。（5点）［　　］

**ア** アカイエカについて

**イ** 蚊ばしらについて

**ウ** 東北大学の観察

**エ** 蚊をひきつけるもの

(2) ――線㋐「こんなこと」、――線㋑「その場所」は、それぞれ何を指していますか。（10点／一つ5点）

㋐［　　］

㋑［　　］

(3) この文章の感想として最《もっと》も適切《てきせつ》なものを選んで、記号で答えなさい。（10点）［　　］

**ア** 大学で研究していたことがなつかしいな。

**イ** 蚊ばしらは決まった場所にできるんだな。

**ウ** 蚊ばしらができるのに理由はないんだな。

**2** 次の文章を読んで、あとの問いに答えなさい。

これをためしてみるとき、わたしは、だいじょうぶとは思いましたが、むねがどきどきしました。だんだん水がたまってくると、うきが少しずつ上がってきました。

（①）、めもり板に、うきの頭がくっついたとたん、まめ電球が、ぱっとともりました。わたしは思わず、「わあ。」とさけびました。

水の量《りょう》がちょうどよくなったとたんに電灯《でんとう》がともるのですから、たびたびふろの中をのぞかなくてもすみます。

（②）、まだか、まだかと、電灯に気をつけていなければいけないし、電灯の見えない所で仕事をしているときなどは、役に立ちません。

（ ③ ）、どうしたらいいか。わたしは、いろいろ考えてみました。そうして、電灯の代わりにベルを取りつけたらどうだろうと思いつきました。ベルの勉強をして、応用《おうよう》してみます。

(1) （ ① ）～（ ③ ）に入る言葉を次から選んで、記号で答えなさい。（15点／一つ5点）

ア けれども　イ それから　ウ つまり

エ そうして　オ それでは

①［　］ ②［　］ ③［　］

(2) 文章中の方法《ほうほう》の、よい点はどこですか。（10点）

［　］

(3) 文章中の方法でも、まだ不便《ふべん》な点はどこですか。（10点）

［　］

(4) 不便な点をとりのぞくために、次にどうしようと思っていますか。（5点）

［　］

(5) そのために、どうしようと思っていますか。（5点）

［　］

---

**3** 次の手紙を読んで、あとの問いに答えなさい。

さわやかな秋風がふくころとなりましたが、ひかり中学校のみなさんは、いかがお過ごしでしょうか。

さて、本校の図書室で、十月四日金曜日に、詩のろう読会を開きます。

当日は、いくつかの有名な詩を、国語の木村先生の解説《かいせつ》をまじえながらしょうかいするほかに、私たち図書委員のメンバーがそう作したオリジナルの詩を、みなさんの前で発表する予定です。詩のかん賞《しょう》を通じて、たくさんの方々とひざを交えてお話しできればと考えていますので、ぜひ参加してください。

令和《れいわ》元年　九月一日

ひかり中学校　図書委員

石川《いしかわ》　高子《たかこ》

ひかり中学校のみなさん

(1) これはどんな手紙ですか。次から選んで、記号で答えなさい。（10点）

ア お礼　イ おわび　ウ 案内《あんない》　エ お見まい

［　］

(2) この手紙で知らせたいことは何ですか。（20点）

［　］

| | |
|---|---|
| 月　日 | 答え⬇別さつ21ページ |
| 時間 30分 | 合かく 80点 |
| とく点 | 点 |

**1** 次の文章を読んで、あとの問いに答えなさい。

さらに、日本のサケ漁師《りょうし》は「これから川に産卵《さんらん》に行くサケだから、真水を吸《す》っちゃうまくねえんだ。その前に獲《と》らねば」といって、わざわざ河口付近《かこうふきん》や前浜《まえはま》に出てサケを獲ります。だから、①日本のサケは世界一おいしいのです。そして安心・安全だといわれています。

ところがいま、これを日本人はあまり食べなくなったのです。そのため、根室《ねむろ》や釧路《くしろ》、その他のサケ業者がいま、どんどん廃業《はいぎょう》しています。

では、日本人はなぜ、こんなに安心・安全でおいしいサケを食べなくなったのでしょうか。それは②安価《あんか》な養殖《ようしょく》サケが大量《たいりょう》に外国から入ってきているからなのです。

いちばん多いのがチリの養殖サケです。みなさんがサケの弁当《べんとう》やサケのおにぎりを買ったらその表示《ひょうじ》を見てください。「鮭《さけ》（チリ）」と書いてあるのがとても多いのに気づくはずです。チリでもノルウェーでも、サケを生簀《いけす》で飼《か》っているところが多いのです。つまり養殖サケです。日本のように小さな稚魚《ちぎょ》を海に放すのではなく、生簀の中で餌《えさ》を与《あた》えながら大きくしています。こうすれば獲りにいく手間がかからないし、回帰率《りつ》一〇〇%ですから、ひじょうに安いサケを育てることができるのです。

しかし、リスクもあります。それは、生簀の中で飼っているので、たとえば一匹《いっぴき》が病気にかかれば、伝染《でんせん》して全滅《ぜんめつ》する可《か》能性《のうせい》があります。そのために、餌や水に大量の抗生物質《こうせいぶっしつ》を入れたりして発病を防《ふせ》ぐ必要《ひつよう》があるのです。前にもお話ししましたが、いまから五年くらい前、輸入《ゆにゅう》されてきた外国産の養殖サケに抗生物質が大量に入っていることがわかり、一度、輸入をストップしたことがあります。それがまた入ってきているのですが、いまは大丈夫《だいじょうぶ》なのでしょうか。

とにかく、そういうものを日本人は「安い、安い」と言って買うのです。毎日サケを食べるのなら、安いほうがいいでしょうが、毎日塩ザケを食べていたら、血圧《けつあつ》が上がってしまいますね。

そうではなくて、たまに食べるのですから、一切れ二〇〇円ぐらい高くても、日本の安心・安全でおいしいサケを食べるべきだと私は思います。でも、現実《げんじつ》には日本人がそれを食べていないものだから、北海道の大きな冷凍庫《れいとうこ》がサケでいっぱいになりました。売れないのに何百トンもサケをもちかかえていると、毎月何十万円、何百万円という冷凍庫代がかかります。それによってもちこたえられないサケ業者が倒産《とうさん》することになるのです。

この状況《じょうきょう》を見て、中国の船がいま根室、釧路あたりへ来て、日本人が食べない世界一安心・安全でおいしいサケを、売れなくて余《あま》っているのだから、格安《かくやす》で買っていきます。そして中国では、それを原料《げんりょう》にしておいしいサケ缶《かん》をつくり、「メイド・イン・チャイナの世界一おいしいサケ缶」だといって、ヨーロッパやアメリカに輸出したりしているということです。

つまり、こんなことを日本人はしているのです。安心・安全でおいしい、日本人のためのサケは、日本人が食べないので中国にいってしまいます。逆《ぎゃく》に日本人は、安全面やおいしさの点で大丈夫かなというサケを、安いという理由だけで買って食べているのです。日本人はこういう情《なさ》けない民族《みんぞく》になったということを現実としてとらえて、自分たちとしてどうすればいいのかを考えなくてはいけません。

安いことはいいことかもしれませんがそれでは③食べものを選《えら》ぶほんとうの基準《きじゅん》が何なのかという判断力《はんだんりょく》を失《うしな》ってしまう危険《きけん》があるのです。

（小泉《こいずみ》　武夫《たけお》「いのちをはぐくむ農と食」）

(1) ――線①とありますが、それはどうしてですか。次から選んで、記号で答えなさい。(30点)　〔　　〕

ア　外国では手ぬきをしているので、日本のものの方がよりおいしく感じられるから。

イ　日本人の味覚《みかく》がすぐれており、それに受け入れられるように育てられているから。

ウ　自然《しぜん》の中で育っているうえ、漁師がよりよい条件《じょうけん》の場所で漁を行うから。

(2) ――線②とありますが、どうして外国では安価な養殖サケを大量に作ることができるのですか。次から最《もっと》も適当《てきとう》なものを選んで、記号で答えなさい。(30点)　〔　　〕

ア　卵から成長《せいちょう》するまで生簀の中で育てているので漁の手間がかからないうえ、自然で育つものより確実《かくじつ》に多くの量のサケを手に入れることができるから。

イ　世界中で和食が好まれるようになってきているので大量のサケが必要となり、利益《りえき》が少なくてもたくさんの量を出荷《しゅっか》すればよいという考え方があるから。

ウ　チリやノルウェーなどは日本よりも寒いので生簀の中のサケが伝染病を発病しても病気が広まる可能性が低《ひく》く、養殖に失敗《しっぱい》する危険性《きけんせい》が少ないから。

(3) ――線③とありますが、それはどのような基準ですか。次の文の□に入る言葉を文中からぬき出して、㋐は二字、㋑は十字で答えなさい。(40点／一つ20点)

・㋐ことよりも㋑ことを重視《じゅうし》するという基準。

㋐〔　　〕　㋑〔　　　　　　　　　　〕

〔日本大第三中―改〕

# 19 文章の読み取り方①（段落《だんらく》ごとにまとめて）

**学習のねらい**

段落ごとにまとめて読む問題です。段落が変《か》わるときは、行を変え、一マス下げて書いてあります。また、つなぎ言葉やこそあど言葉にも着目して内容《ないよう》を読み取ります。

月　日

答え➡別さつ21ページ

## ステップ1

**❶** ［話のすじのうつり変わり］次の文章を読んで、あとの問いに答えなさい。

1 一般《いっぱん》に、果物《くだもの》とは、*木本性《もくほんせい》で一度植えておけば永年《えいねん》的《てき》に収穫《しゅうかく》できるものを言います。これに対して、*草本性《そうほんせい》で短い期間で定期的に植え替《か》えて収穫するものが野菜《やさい》です。つまり、果物は木になるもので、野菜は草なのです。イチゴは木にならず草本性なので、野菜に分類《ぶんるい》されます。また、同じようにデザートとして食べることが多いメロンなども野菜です。ただし、イチゴやメロンは果物と同じようにデザートとして食べられることが多いので、売られるときは果物と一緒《いっしょ》に並《なら》ぶことも少なくありません。

2 メロンはカボチャやキュウリと同じキュウリ科なので野菜のイメージがありますが、ややこしいことにイチゴはバラ科です。同じバラ科にはリンゴやナシ、サクランボなどの果物があります。そもそも分類というものは、人間が都合《つごう》よく勝手に決めたものですから、当の植物にとってみれば、果物であろうが、野菜であろうが、知ったことではないでしょう。ただし、人間の扱《あつか》いでは、イチゴは植物の仲間《なかま》としてはバラ科で、植物の姿《すがた》や栽培《さいばい》の面からは草本性で野菜ですが、売られるときや利用の面では果物と同じように扱われるということになります。

（稲垣《いながき》　栄洋《ひでひろ》「野菜ふしぎ図鑑《ずかん》」）

*木本性＝木になること。
*草本性＝木にならないこと。草。

(1) それぞれの段落の要点《ようてん》を選《えら》んで、記号で答えなさい。

① 1の要点　〔　　〕

ア 野菜と果物の育て方　イ 野菜と果物の定義《ていぎ》
ウ 果物がもつとくちょう　エ 草と木のちがい

② 2の要点　〔　　〕

ア バラ科の果物　イ キュウリ科の野菜
ウ 野菜と果物の分類　エ 植物と人間のちがい

(2) 次の〔　〕の中に入る言葉を文中から五字以内でぬき出しなさい。

イチゴは〔　　　〕なので、野菜である。

**2** ［段落に分ける］次の文章を三つの段落に分けます。第二、第三段落の初《はじ》めの五字を書きなさい。

人間には、目に見えるものを信じようとするクセがあります。ところが、目の前に見えているものだけが真実とはかぎらないんです。「錯覚《さっかく》」や「盲点《もうてん》」があるからね。ここがミソだね。みんなが大好きな手品だってそうでしょう？　むしろ、「見えない部分にこそ真実がある」と考えるくらいのほうがいいものね。だから、見えないものに対して「なるほどそうか」と思えるセンスがあると、理科はどんどん得意《とくい》になる。見えないものが、いかに見えるようになるか。理科が得意な人と苦手な人は、ここの差なんだと思います。見えないけれども、確《たし》かなものだ、と理解《りかい》するには、「想像力《そうぞうりょく》」が必要《ひつよう》です。想像して、映像《えいぞう》を頭に思い描《えが》いて、その映像を見る感覚《かんかく》をもつ。すると、「目には見えないけれども、こうなっているんだな」ってふうになるよね。

（齋藤《さいとう》　孝《たかし》「理科なんてカンタンだ！」）

第二段落 □□□□□

第三段落 □□□□□

---

**3** ［段落の要点］次の文章を読んで、あとの問いに答えなさい。

1　なぜ水が生命誕生《たんじょう》にとって重要《じゅうよう》なのでしょうか。私たちが毎日あたりまえのように使っている水ですが、じつはたくさんの能力《のうりょく》をもっているすぐれた物質《ぶっしつ》なのです。

2　まず、水にはいろいろな物質をとけこませる力があります。水にとけこんだ物質は互《たが》いに結びつき、新しい物質をつくる反応《はんのう》を進めていきます。水の中ではさまざまな反応がおこって、やがて生命のみなもととなるものが生まれたと考えられています。また、水は植物の光合《こうごう》成《せい》に必要な材料《ざいりょう》です。光合成によってつくられた、デンプン（炭水化物《たんすいかぶつ》）という栄養素《えいようそ》が他の生命をささえています。水は地球に欠《か》かせないものなのです。

（池内《いけうち》　了《さとる》「エネルギーがなくなる？」）

(1) 2をさらに二つに分けるなら、どこで分けるのがよいですか。初めの五字を書きなさい。

□□□□□

(2) 2の要点を選んで、記号で答えなさい。［　　］

ア　水のすぐれた能力　　イ　デンプンのはたらき

ウ　水にとける物質　　エ　光合成のしくみ

# ステップ2

月　日

答え➡別さつ21ページ

時間 30分　合かく 80点　とく点　点

## 1 次の詩を読んで、あとの問いに答えなさい。

八月の蕗《ふき》

いがらし　れいこ

蕗よ
葉が大きいからといって
なやむことはない
日ざしの強い日には
虫たちにかげをつくり
あえぐ草には
葉をゆらして
風をおくる
自生する山菜《さんさい》の仲間《なかま》たちは
とっくにすがたをけしたけれど
蕗よ
おまえは八月の光に
葉をかささせながらも
おまえだけの
香《かお》りをたたえている

(1) 書かれていることがらで四つに分けて、行の間に∨の印《しるし》を書きなさい。(20点)

(2) 二つ目のまとまりに書かれている内容《ないよう》として正しいものを選《えら》んで、記号で答えなさい。(15点)

**ア** 蕗が虫たちや草にめぐみをあたえていること。
**イ** 日ざしや風が蕗の生長を助けていること。
**ウ** 虫たちや草がなやむ蕗をいやしていること。
**エ** 山菜のなかまが蕗を残《のこ》して消えてしまったこと。

## 重要 2 次は、「かべぬり」という作文の初《はじ》めの部分です。これを読んで、あとの問いに答えなさい。

雨戸を開けると、朝日がまぶしい。上天気だ。今日は日曜、ぼくらの部屋ができたので、いよいよかべぬり。

左官屋《さかんや》さんはお父さんだ。ぼくは、ゆうべから心配。

お母さんも、「だいじょうぶかねぇ。」と言っている。

お父さんは、「まかしとけ。」と、むねをたたいたので、少しは安心してねたが、いよいよぬるとなると、やっぱり、少し心配だ。

初めに、運んだ赤土をお父さんがはだしでふむ。ぼくは、水をかける役だ。お母さんは、おし切りでわらを切って、ぱらぱらとふりこむ仕事だ。

「水をもう一つ。」「わらをもう一度。」

お父さんが言うたびに、ぼくはバケツの水を空ける。

お母さんは、ぱらぱらと、わらをふりこむ。お父さんは、大急ぎでふむ。ふんでは、ねり、ふんでは、ねり、グッチャグッチャと勇《いさ》ましい。

「もう、水はいいよ。」

と言ったので、ぼくも、お父さんのそばでねりだした。足でねんどざいくをしているようで、おもしろい。

むちゅうでふんでいたら、二階からのぞいていた妹が「一、二。一、二。がんばれ。一、二。」と号令《ごうれい》をかけた。

ぼくがにらむまねをすると、くすっとわらって、首をちぢめた。

(1) この文章を次の四つのまとまりに分けます。②〜④の内容部分の初めの五字を書きなさい。(30点／一つ10点)
①お父さんのかべぬりをみんなが心配する。
②仕事の手分け。　③水と土とわらをまぜてねる様子。
④妹とのやりとり。

②〔　　　　　〕
③〔　　　　　〕
④〔　　　　　〕

## 3 次の文章を読んで、あとの問いに答えなさい。

太陽は、表面の温度が約《やく》５８００℃というとてつもなく高い温度になっていて、<u>それ</u>によって強い光を放っています。その強い光、太陽のエネルギーが地球までとどいているのです。

光となって地球にとどいた太陽のエネルギーは、地上のあらゆる場所に降《ふ》りそそいでいます。私《わたし》たちは、毎日、日の光の明るさや空気の温度のあたたかさで、そのエネルギーを感じることができますね。

地球上のさまざまな物質《ぶっしつ》は太陽のエネルギーを吸収《きゅうしゅう》することによって、いろいろな形のエネルギーに変《か》えているのです。

（池内《いけうち》　了《さとる》「エネルギーってなんだ？」）

(1) 第二段落《だんらく》の要点《ようてん》を選んで、記号で答えなさい。(10点)
ア 太陽の成り立ち　イ 太陽の歴史《れきし》
ウ 太陽の光の仕組み　エ 太陽の光の役割《やくわり》
〔　　〕

(2) ――線「それ」が指す内容を書きなさい。(15点)
〔　　　　　〕

(3) 次の〔　〕に入る言葉をぬき出しなさい。(10点／一つ5点)
〔　　〕のエネルギーが地球のあらゆる場所にとどくことによって、地球上の物質がそれを〔　　〕し、いろいろな形のエネルギーに変えている。

# 20 文章の読み取り方②（細かいところに注意して）

学習のねらい
細かいところに注意して読みます。「何がどうした」「何がどうだ」「何がどんなだ」などと、一文一文を正確《せいかく》に考えて読み取ります。

月　日

答え➡別さつ22ページ

## ステップ1

**1** ［大事なところを読み取る］次の文章を読んで、あとの問いに答えなさい。

「ちゃんとつかまってないと、落ちるぞ。」

と、助手席にすわった母さんが顔をだして注意した。

「だいじょうぶ、だいじょうぶ。早ぐいくべ。」
①明《あきら》がせかした。
トラックにゆられ、朝の風をうけながら畑にむかうことが、こんなにうれしいもんだとは思わなかった。

畑につくと、ダンボールの箱《はこ》をおろし、畑のすみにつみあげた。キャベツは葉がよく広がり、ところどころに病害《びょうがい》虫による被害《ひがい》はあるものの、②緑一面で、大きくなったキャベツの球が、朝日をうけて光っていた。

「こいつはおれが種《たね》のときから作ったんだぜ。」

明は彩代《あやよ》にじまんした。

「へェーだ。わたしだって、水かけしたことあるもん。」

「おれなんか、愛情《あいじょう》がちがうもな、おまえとは。」

「ばかみたい。そんなにいばることないじゃない。」

ばかみたいといわれても、明は少しも腹《はら》がたたなかった。


（最上《もがみ》一平《いっぺい》「キャベツ畑で夢《ゆめ》を見た」）

(1) 次の〔　〕に、明が行動した順に番号を書きなさい。
〔　〕彩代に自分が育てたキャベツの話をした。
〔　〕畑にダンボールの箱をつみあげた。
〔　〕トラックに乗り、畑にむかった。
〔　〕キャベツの畑についた。

(2) ——線①「明がせかした」とありますが、それはなぜですか。次から選《えら》んで、記号で答えなさい。〔　〕
**ア** なかなか畑につかなくてイライラしていたから。
**イ** 畑に行くことがうれしくて待ちきれなかったから。
**ウ** 母さんに注意をされたことがはずかしかったから。

(3) ——線②「緑一面で……光っていた」とありますが、これは畑のどのような様子を表していますか。次から選んで、記号で答えなさい。〔　〕
**ア** みずみずしいキャベツが、あたり一面にたくさん育っている様子。
**イ** 育ちかけの小さなキャベツがまわりに点々と見える様子。

ウ　虫にくわれた野さいが転がっている、あれはてたさびしい様子。

**2** [細かいところまで読み取る] **次の文章を読んで、あとの問いに答えなさい。**

みなさんに「一分スピーチ」をすすめます。

（①）何をいいたいのか、いいたいことを一つきめよう。そして最初《さいしょ》に「これから、これこれについてお話しします」と、②それを話してしまうんだ。

（③）最後に、もう一度そのいいたいことをくり返して、「だからこれこれがいいと思います」というふうにしめくくると、わかりやすいよ。

途中《とちゅう》には、「なぜそう考えたか」「なぜそれがだいじか」、④話のポイントを二つか三つ、入れておきます。ポイントは多くても三つまでにとどめておきましょう。

「だいじなポイントは二つあります。一にこれ、二にこれ。だからこうです」というと、[　⑤　]。

これとこれを話そう、というメモをつくっておくといいと思います。

（⑥）話すときは、必《かなら》ず相手のほうをみて、ゆっくり深呼吸《しんこきゅう》をして、みんなをみわたすようなかんじで話す。二、三人、やさしそうな人をみつけて、その人たちを順《じゅん》番《ばん》にみながら話してみるのがいいかもしれないね。

（齋藤《さいとう》 孝《たかし》「こども『学問のすすめ』」）

---

(1) この文章は、何について書いたものですか。

〔　　　　〕

(2) （①）・（③）・（⑥）に入るつなぎ言葉の組み合わせを次から選んで、記号で答えなさい。〔　　〕

ア ①そして　③だから　⑥つまり

イ ①はじめに　③あるいは　⑥たとえば

ウ ①まず　③そして　⑥それから

エ ①つまり　③そこで　⑥ただし

(3) ――線②は、何を指していますか。

〔　　　　〕

(4) ――線④「話のポイント」とは、どのようなことですか。文中から二つぬき出して答えなさい。

〔　　　　〕〔　　　　〕

(5) [⑤]に入る文を次から選んで、記号で答えなさい。〔　　〕

ア 一分の中にきちんといいたいことがおさまります

イ 話す時間をいつもより長くのばすことができます

ウ メモを見なくても大切なポイントを思い出せます

エ その場のみんなが話した内容《ないよう》を理解《りかい》してくれます

STEP 2

# ステップ2

月　日

時間30分　合かく80点　とく点　点

答え➡別さつ22ページ

重要

## 1 次の文章を読んで、あとの問いに答えなさい。

[1] 昨日《きのう》から、雨がふり続《つづ》いている。お父さんは「ありがたい雨だ。」と言って、喜《よろこ》んでいる。お母さんは、「いやな雨ね。」と言って、雨をうらんでいる。同じ雨なのに、お父さんは喜び、お母さんはいやがるというのは、考えてみるとおもしろいことである。お父さんが喜んでいるのは、庭の植木が元気づいてきたからであり、お母さんはせんたく物がかわかないので、いやがっているのであろう。

[2] このように、一つのことがある人にはつごうがいいと、ある人には、つごうが悪いというのは、そのことに原《げん》因《いん》があるのではなくて、それを受け入れる人のほうに原因があるのである。

(1) 作者の言いたいことは、[1]・[2]のどちらに書いてありますか。番号で答えなさい。(10点)

[　　]

(2) お父さんが喜んでいるのは、なぜですか。それが書いてあるところに、——線を引きなさい。(10点)

(3) ——線「そのこと」は、段落《だんらく》[1]では何を指していますか。(10点)

[　　]

## 2 次の文章を読んで、あとの問いに答えなさい。

ピカソはなんで、「なにこれ？」っていわれるような絵をかくようになったんだろう？

じつはね、ピカソは小さいころ絵の天才っていわれていたんだ。信じられないくらい、絵がうまかったんだよ。正確《せいかく》にもののかたちを写すことができた。デッサン力っていうんだけどね。これがすごかったんだ。

（中略《ちゅうりゃく》）

子どものときから絵がうますぎたピカソは、「うまい」っていうことよりももっと、「ひとの心にエネルギーをあたえる絵」をめざしたんだ。

（齋藤《さいとう》 孝《たかし》「齋藤孝の親子で読む偉人《いじん》の話　4年生」）

(1) ピカソは小さいころ何といわれていましたか。(10点)

[　　]

(2) ピカソはどのような絵をめざしていましたか。(10点)

[　　]

(3) この文章に題をつけるとすると、次のどれがふさわしいですか。記号で答えなさい。(10点)

[　　]

**ア** ピカソの絵　**イ** ピカソと子ども

**ウ** ピカソのゆめ　**エ** ピカソの発見

**3** 次の文章を読んで、あとの問いに答えなさい。

「ぼく、きょうも、プールへいくんだ。」

この日、大山道《おおやまみち》は①いつもの日よりも早く起きて、お母さんに、きっぱりといいました。

「一日だけ」というやくそくでいったプールでしたが、大山道にとっては、一日だけのプールではすまなくなっていました。大山道は、自分でも泳げるようになると、わかったのです。もう、心は（㋐）です。

「なんてこと。きょうは、夏季《かき》ゼミナールの進級テストの日でしょう。」

お母さんは、いままでになく、あわてています。いままで、自分のいいなりにさせてきたのです。②そうなるものと思って、すこしもうたがわなかったお母さんでした。それがいま、自分の思うとおりにならない大山道をみて、お母さんは心臓《しんぞう》がとまるほど、あわてているのでした。

「テストなんか、いらないよ。いままで、いっぱいやってきただろう。」

「こんどのテストは、進級テストです。」

「いままでだって、進級テストだよ。」

大山道は、長い髪《かみ》をみだして、どこまでも、（㋑）をつづけていきました。

（鈴木《すずき》 喜代春《きよはる》「けんかは100点よりもむずかしい」）

---

(1) ——線①「いつもの日よりも早く起きて」とありますが、それはどうするためですか。（15点）

〔　　　　〕

(2) （㋐）に入る言葉を次から選んで、記号で答えなさい。（5点）〔　　〕

**ア** わくわく　**イ** ひやひや

**ウ** はらはら　**エ** いらいら

(3) ——線②「そうなる」とは、だれがどうなるということですか。（15点）

〔　　　　〕

(4) （㋑）に入る言葉を次から選んで、記号で答えなさい。（5点）〔　　〕

**ア** あてつけ　**イ** おべっか

**ウ** 口ごたえ　**エ** 言いわけ

STEP 3

# ステップ3

1〜3

月　日

答え➡別さつ22ページ

時間 30分　合かく 80点

とく点　　点

**1** 次の文章を読んで、あとの問いに答えなさい。

サルは集団《しゅうだん》で暮《く》らしている。ストレスが溜《た》まる。そこで彼《かれ》らが編《あ》み出した方法《ほうほう》というのが、グルーミングというものだ。お互《たが》いの毛づくろいをする。

衛生的《えいせいてき》な目的であれば、グルーミングしている時間と身体の大きさが正比例《せいひれい》するはずなのだが、そうではなく、社会的なグループの大きさと時間とが比例するという。

（①）、複雑《ふくざつ》で大きな集団になればなるほど、グルーミングの時間が増《ふ》える。

（②）グルーミングの相手は無差別《むさべつ》ではない。特定《とくてい》の相手とのみ、おこなわれる。グルーミングは社会的に仲良《なかよ》くなろうとする行為《こうい》であるのだ。親子同士《どうし》はもちろんだが、仲間内の、特定の相手が選《えら》ばれて、グルーミングをする。いわば親しい友人である。そして近くにこの友人がいるときほど、特に仲間のために警戒音《けいかいおん》を発したり、餌《えさ》を見つけたよという合図をおこなうことが多いという。つまり、*③利他的《りたてき》な行為は、ふだんのグルーミングによる付《つ》き合いの結果《けっか》なのだ。

グルーミングによって親しい友人が増やせるし、生きていくのも簡単《かんたん》になるのなら、なるべく多くのグルーミング相手がいたほうがいい。しかし、このグルーミングの相手になる数は限《かぎ》られている。グルーミングは一対一でしかおこなわれない。しかも一日のうち、四十パーセントの時間をグルーミングに費《つい》やすということも観察《かんさつ》されている。小さな集団であれば、それで充分《じゅうぶん》なのだが、より強大になろうとし、より大きな集団を作ろうとしたとき、グルーミングでは間に合わなくなってくる。

（④）、音声による友人作り、つまり言語が始まったのだ、というのがダンバーの説《せつ》である。言語によって、グルーミングと同じように、友だちを増やしている。つまり、ことばが、情報《じょうほう》のやり取りではなく、仲良くなるという目的で使われている。

小田は、コンタクト・コールという特定の相手との音声の呼《よ》び交《か》わしが、かなり原始的なサルにも見られると報告《ほうこく》している。コンタクト・コールは、移動《いどう》中などにお互いの位置《いち》を教えあうためにおこなわれると考えられているものだが、特定の相手と頻繁《ひんぱん》におこなわれることから、やはり、集団を維持《いじ》するためにおこなわれると考えられる。グルーミングの補助的役割《ほじょてきやくわり》を果《は》たしていると考えられ、これが私《わたし》たちの日常《にちじょう》会話の原型《げんけい》なのではないかという。

　グルーミングにせよ、コンタクト・コールにせよ、お互いが仲良くなるための手段《しゅだん》として使われている。異性《いせい》間には限られない。また家族間にも限られない。そこで伝《つた》えられているものは、たぶん、隣人愛《りんじんあい》と呼ばれるものの最《もっと》も原初的《げんしょてき》なものなのではなかろうか。

⑤人間以前のことばが隣人愛を伝えているとすれば、これは、*ファティックであると言える。繁殖期《はんしょくき》になって、オスがメスを呼ぶ。それが、愛《あい》であるのならば、お互いの共同《きょうどう》生活を作るものならば、ファティックと言える。

　外敵《がいてき》から身を守るために集団で暮らすことを選んだ人間の先祖《せんぞ》たちは、その集団のまとまりを維持するために、ことばを使い始め、そうして社会を形成《けいせい》した、という考えなのだ。

（金田一《きんだいち》　秀穂《ひでほ》「新しい日本語の予習法」）

＊利他的＝他人のためになるようにすること。
＊ファティック＝社交的なふんい気を伝える言葉。

(1)（①）・（②）・（④）に入る言葉の組み合わせとしてふさわしいものを次から選んで、記号で答えなさい。（10点）

〔　　〕

**ア** ①そこで　②しかし　④しかも
**イ** ①つまり　②しかも　④そこで
**ウ** ①しかも　②つまり　④しかし
**エ** ①しかし　②そこで　④つまり

(2) ――線③「利他的な行為」とは具体的にどのようなことですか。二つ書きなさい。（20点／一つ10点）

〔　　〕〔　　〕

(3) ――線⑤について、次の問いに答えなさい。

① 筆者《ひっしゃ》が「人間以前のことば」としてあげているサルの具体的な二つの行動の名前は何ですか。また、その行動がどのようなものかについて、「〜こと。」につながる形で、文中より十三字以内でぬき出して書きなさい。（40点／一つ20点）

〔　　・　　〕　　　　　　　　　　　　　　こと。

〔　　・　　〕　　　　　　　　　　　　　　こと。

② また、①であげた二つの行動に共通し、筆者が注目している目的を、文中より十一字でぬき出して書きなさい。（30点）

〔富士見丘中―改〕

# 21 文章を書く①（ことがらを整理して）

月　日

答え➡別さつ22ページ

学習のねらい
ことがらを整理して書く書き方の問題です。題材《だいざい》の選定《せんてい》、主題の決定、文の組み立ての構想《こうそう》、表現《ひょうげん》のくふうなどを中心に学びます。

## STEP 1 ステップ1

**1** ［組み立てメモ］ふろしきについて作文を書きます。上の組み立てメモに合う内容《ないよう》を下からすべて選《えら》んで、――線でつなぎなさい。

(1) 調べた理由・
(2) 考えてみたこと・
(3) 調べたり、聞いたりしたこと・
(4) よいところ・
(5) これからやってみたいこと・

・**ア** ふろしきのもようがきれいだった。
・**イ** お皿を包《つつ》んでみたい。
・**ウ** 中国から伝《つた》わったものだろうか。
・**エ** 「おふろのゆかにしく」から名前がついた。
・**オ** ふろしきで包んだプレゼントをもらった。
・**カ** もともと日本のもので、中国のものではない。
・**キ** くり返し使えて、自由に形をかえられる。

**2** ［まとめと例《れい》を区別《くべつ》する］次の文章を読んで、あとの問いに答えなさい。

地球から見ることのできる星の数は、五千個《こ》以上だと言われています。（①）、その中から特定《とくてい》の星を見つける方法《ほうほう》をしょうかいします。（②）、火星や金星は決まった時間帯《たい》や時期に、かんそくすることで、見ることができます。また、シリウスは冬の大三角の一点をなす星で、冬空の星座《せいざ》を目でたどることで見つけることができます。

(1) 文中の（①）・（②）に入る言葉を次から選んで、記号で答えなさい。

**ア** つまり　**イ** では
**ウ** しかし　**エ** たとえば

①［　　］　②［　　］

(2) この文章のまとめと、それについての例《れい》（二つ）を、文中の言葉を使って書きなさい。

まとめ［　　］
例［　　］
［　　］

**3** 〔ことがらを整理して読む〕次の文章を読んで、あとの問いに答えなさい。

今朝見たら、体がちぢみ、足に糸のようなものが見え、さなぎになりかけたのが（　）ひきいました。前に、さなぎになる場所によって、その色がちがうということを聞いたことがありました。そこで、一ぴきを青い木のえだにつけ、三びきを白い紙に包みました。また、かれた木のえだに一ぴきつけ、残《のこ》り一ぴきは、真っ赤なセロファンのふくろに入れました。

夕方見たら、いちばん前の足としっぽに糸をかけて、前足の一本だけを木につけ、ほかの足はひっこませていました。せなかが白っぽくすきとおり、ときどき、頭だけはぴくぴく動かしていました。大きさは四センチ七ミリでした。

(1) これは、あげはちょうの記録《きろく》です。どんなことを観察《かんさつ》していますか。次から選んで、記号で答えなさい。

**ア** 体がちぢむ様子。　**イ** 足の動き方。
**ウ** さなぎになっていく様子。

〔　　〕

(2) 一ぴきを、なぜ、真っ赤なセロファンのふくろに入れたのですか。次から選んで記号で答えなさい。〔　　〕

**ア** 赤いさなぎになるかどうかをためすため。
**イ** ほかの虫にとられないようにするため。
**ウ** さなぎになりやすいようにするため。

(3) （　）に入る数字を、漢数字で書きなさい。〔　　〕

(4) 一日に何回観察していますか。〔　　〕

**4** 〔ことがらを整理して書く〕体育係が、学級のみんなに次のようなことを知らせます。左のメモを見て、〔　〕に入る言葉を書きなさい。

サッカーの試合《しあい》
・日時…今日、五時間目
・場所…運動場
・組み合わせ

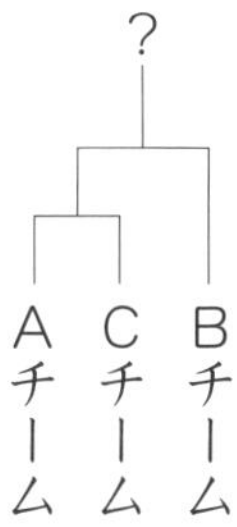

・サッカーの試合を行います。
試合は今日の(1)〔　　〕。
組み合わせは、一回戦《いっかいせん》が
(2)〔　　〕で、二回戦が
(3)〔　　〕。
体そうふくで集合してください。

月　日

答え⬇別さつ23ページ

時間 30分　合かく 80点　とく点　点

**1** 次の文章を読んで、あとの問いに答えなさい。

きつねは、同じような方法《ほうほう》で、三回ほど、子ぎつねをたずねて来たきり、ぱったり来なくなってしまいました。

「くさりにつながれている子ぎつねは、もう助けようもない、とあきらめてしまったのだろうか。早くくさりをといてやればよかったのだ。かわいそうなことをしてしまった。」

正太郎《しょうたろう》は、こう考えて、こうかいしました。

[①]ふしぎなことに、あい変《か》わらず、子ぎつねはあたえる食べ物はいっこうに食べないのに、死にもせず、育っていきます。(ア)このことに気がついて正太郎ははっとしました。

「そうだ。親ぎつねは、たしかに子ぎつねをたずねて来ているにちがいない。いったい、今度は、どんな方法でやってくるのだろうか。ようし、ひとつ見つけてやるぞ。」

正太郎は、寒い夜中に、二度も三度も起き出して、行ってみました。[②]、やっぱり、親ぎつねのすがたは見つかりませんでした。

日曜日でした。

雪どけのしずくが、ポットン、ポットン、静《しず》かに屋根から落ちている昼でした。正太郎は、なんの気なしに、子ぎつねのはこの方へ行きました。と、カサッと、音がしました。おや、と思って、かけよってみましたが、子ぎつねのほかに、何のすがたもありませんでした。[③]、やわらかい地面に、きつねの足あとがついていました。

げんかんの方で、秋田犬のほえる声がしました。

(イ)そのとき、正太郎は、きつねが昼間やってくるわけがわかりました。

「なるほど、犬は、昼の間つながれているのだ。親ぎつねは、どうして、(ウ)それを知ったのだろう。」

正太郎は、きつねのりこうなのにすっかりおどろいてしまいました。

(椋《むく》 鳩十《はとじゅう》「金色のあしあと」)

(1) [①]～[③]に入るつなぎ言葉を次から選《えら》んで、記号で答えなさい。(15点／一つ5点)

①〔　〕 ②〔　〕 ③〔　〕

① ア そして　イ つまり　ウ ところが　エ それで

② ア しかし　イ それで　ウ そして　エ つまり

③ ア ところが　イ それで　ウ そして　エ また

(2) ――線㋐「このこと」にあたることを、文中からそのままぬき出して書きなさい。(10点)

〔　　　〕

(3) ――線㋑「そのとき」とは、どのときですか。(10点)

〔　　　〕

(4) ――線㋒「それ」とは、どういうことですか。(10点)

〔　　　〕

**2** ジャガイモのかぶの育ちと、新しいジャガイモのできぐあいを観察《かんさつ》しました。次の観察メモをもとに、問いに答えなさい。

〈観察メモ〉　六月十日(金)　晴れ　二十四度

・葉…こいみどり色。大きい。たくさんしげっている。
・くき…太い。しっかりしている。
・新しいジャガイモ…白い。大きい。たくさんできている。

(1) ジャガイモのかぶの育ちを、葉やくきの様子からくわしく書きなさい。(20点)

〔　　　〕

(2) 新しいジャガイモのできぐあいを書きなさい。(10点)

〔　　　〕

**3** 次の文章は、「わたしの読書歴《どくしょれき》」という題の中学生の作文の一部です。これを読んで、あとの問いに答えなさい。

ぼくが最初《さいしょ》に本を読んだのは、小学一年生のころに全二十巻《かん》の「世界むかし話」をもらったころだと思います。それから三、四年生のころまでは〔①〕記おくがなく、五年生のころからSFを読みだし、〔②〕科学の本へと移《うつ》っていった。

六年生のころからは、まず宇宙《うちゅう》に関《かん》するもので、主に星のことを説明《せつめい》した本を読みました。中学生になってからは、十四年間で最大《さいだい》の努力《どりょく》をしました。というより多くの本を買ったと言ったほうが正確《せいかく》かもしれません。

(1) 文末《ぶんまつ》が敬体《けいたい》でない表現《ひょうげん》が一つあります。文中よりさがし、文末を敬体に書き直しなさい。(5点)

〔　　　〕

(2) この文章には、二つの段落《だんらく》に分けたほうがわかりやすくなる段落があります。区切るところに、「の印《しるし》を書きなさい。(10点)

(3) 〔①〕・〔②〕に入る言葉を次から選んで、記号を書き入れなさい。(10点/一つ5点)

①〔　　〕②〔　　〕

**ア** ゆっくりと　**イ** ほとんど　**ウ** そっと
**エ** ついに　**オ** だんだん　**カ** もっと

〔三重大附中―改〕

# 22 文章を書く②（中心点をはっきりさせて）

学習のねらい

中心点をはっきりさせて書く問題です。書き出しで目的《もくてき》やあらましを書きます。中心点は、事実をしっかり見つめ、意見・感想が書かれてあるかに注意します。

月　日

答え⬇別さつ23ページ

## ステップ1

**1** ［中心を考えて書く］次の文章で、中心になっていることは何ですか。あとから選《えら》んで、記号で答えなさい。〔　　〕

かくれ家を作ったのは、三月の終わりの日曜日でした。「何して遊ぼうか。」「かくれ家を作ろうよ。」と、ぼくは言いました。すぐ、かくれ家作りを始めました。までも作りました。次の日も一生けんめい作りました。ふさお君が、板の角で指を少し切りました。おばさんたちが来たので、かくれたら、見つかりませんでした。

**ア** 三月に作ったこと。　**イ** 見つからなかったこと。
**ウ** かくれ家を作ったこと。　**エ** 指を切ったこと。

**2** ［書きたかったことをまとめる］次の文章を読んで、あとの問いに答えなさい。

「これはね、かっこうのひなだよ。ところが、この巣《す》はもずの巣なんだ。つまり、もずの巣に、かっこうのひなが育っているというわけだ。」

研究所の人の話によると、かっこうは、もずの親鳥がるすのとき、もずの巣のたまごの間に、自分のたまごを産《う》みおとすのだそうです。ところが、かっこうは、もずより早く、ひながかえります。そのひなは、じゃまになるもずのたまごを、巣の外にかき出してしまいます。かわいそうに、もずは、このひなを自分の子どもだと思っています。

(1) この文章は、どういう文章ですか。次から選んで、記号で答えなさい。〔　　〕

**ア** 見学記録《きろく》文　**イ** 説明《せつめい》文　**ウ** 観察《かんさつ》記録文
**エ** 生活文

(2) この文章で書きたかったことは何ですか。まとめて書きなさい。

〔　　　　　　　　〕

**3** ［日記の中心を読む］次の日記を読んで、あとの問いに答えなさい。

十月十二日　土曜日　晴れ　温度二十二度

今日は、とてもうれしい日だった。それは図工の時間に、岡屋《おかや》先生が、「西原さんが書いた、『平井《ひらい》のおじちゃんの死』の作文が、小学生作文コンクール広島県予選《よせん》で、特選《とくせん》になったよ。」と、教えてくださったからだ。わたしは、びっくりしたけど、とてもうれしかった。

横浜《よこはま》のいとこのかずちゃんが、「父の死」という題で、新聞の予選に入選した時、どうしてわたしのが入選しないのか、と心配していたけど、特選だ、と思うと、いとこにもすぐ知らせたくなった。平井のおじちゃんも天国で喜《よろこ》んでくれているだろう。

帰って母に言うと、「ゆうべ、そのことは知っていたけど、みっちゃんが学校で聞いたほうがいい、と思って言わんかったんよ。」と、母が言ったので、くやしかった。

父が、出張《しゅっちょう》のおみやげに、もみじまんじゅうを買って帰った。食べたら、とてもおいしかった。どうしておいしかったか、先生はわかるだろうか。

(1) この日記の中心は、何ですか。次から選んで、記号で答えなさい。〔　　〕

**ア** 父が帰ったこと。　**イ** 作文が特選になったこと。

**ウ** もみじまんじゅうを食べたこと。

(2) ――線部で、もみじまんじゅうは、どうしておいしかったのですか。次から選んで、記号で答えなさい。〔　　〕

**ア** おなかがすいていたから。　**イ** 父が帰ってきたから。

**ウ** お母さんに特選になったことを教えたから。

**エ** 作文が特選になってうれしかったから。

**4** [ポイントを読む] 次の文章を読んで、あとの問いに答えなさい。

フランスのスーパーでは、レジの店員がイスに座《すわ》ったまま働《はたら》いています。(しかし・なぜなら・また・つまり)「仕事の進行に問題が出なければそれでいい」という国の考えがあるからだそうです。(しかし・そこで・また・では)、日本のスーパーでは、レジの人は立ちっぱなしです。日本には、「働く人の礼ぎや作法を重んじる」という風習があります。(だから・つまり・あるいは・そして)その土地の人々の考え方の多様性から、習慣《しゅうかん》がちがってくるのです。

(1) 文中の(　)の中の言葉から、最《もっと》もよく合う言葉を選んで、○でかこみなさい。

(2) フランスと日本のスーパーではどのようなちがいがありますか。

フランス〔　　〕

日本〔　　〕

(3) フランスと日本のスーパーにちがいがある理由に、――線を引きなさい。

# ステップ2

答え⬇別さつ23ページ

月　日

時間 30分　合かく 80点　とく点　点

**1** 次の文章を読んで、あとの問いに答えなさい。

「どころできみは、将来《しょうらい》なにになるつもりか。」

いつものようにさんざん哲学《てつがく》の話をしたあとで、*米山《よねやま》が聞きました。金之助《きんのすけ》が建築《けんちく》家になるつもりだと答え、そのわけなどを話して聞かせると、米山は頭をふって、

「いかん。きみの考えはまちがっている。」

と、ずばりといいました。

「きみがいくらがんばったところで、いまの日本ではロンドンのセント・ポール大寺院のような名建築を後世にのこすことはとうていむりな話だ。それよりも文学をやれ。文学には永遠《えいえん》の生命がある。数百年、数千年も読みつがれる大傑作《けっさく》も夢《ゆめ》ではないじゃないか。」

米山の話を聞いていて、金之助は自分がはずかしくなりました。自分が建築をやろうと思ったのは、ただただ衣食《いしょく》をうるためだけのけちな根性《こんじょう》からだったことに気がついたのです。それにたいして米山は、もっと大きな理想をもてといいたかったのでしょう。

（三田村《みたむら》信行《のぶゆき》「世界を変《か》えた人々 20　夏目漱石《なつめそうせき》」）

*米山…金之助（のちの夏目漱石《なつめそうせき》）の友人。

(1) 米山が金之助にすすめたことは何ですか。次から選《えら》んで、記号で答えなさい。（8点）

ア 大仕事を成しとげるために海外へ行くべきだ。
イ もっと大きな理想をもって、文学の道に進め。
ウ 建築家になるなら名建築を造《つく》るつもりでやれ。

〔　〕

(2) 米山に言われて、金之助がはずかしくなったのはどうしてですか。理由を書きなさい。（10点）

〔　〕

**2** 次の文章を読んで、あとの問いに答えなさい。

はっ、はっ、はっ。息ははげしいが、まだだいじょうぶだ。①だんだん輝樹《てるき》の背中《せなか》がちかづいてくる。その輝樹の背中が、②わずかにぴくりと動いた。観客《かんきゃく》の声援《せいえん》で、翔《しょう》が追いあげてきたのに気づいたのだ。輝樹はわずかにスピードをあげた。（　Ⓐ　）、新町通りに左折《させつ》するとき、（　Ⓘ　）ふりかえった。③一瞬《いっしゅん》だが、ぎょっとした顔をした。思っていたよりも、差をちぢめられていたからだ。

翔は「しめた」と思った。あの輝樹が、わずかであろうと、動揺《どうよう》しているのだ。翔はさらにギアチェンジをして、新町通りに入った。ここは西にむかって、二百五十メートルの直線だ。心臓《しんぞう》と足が悲鳴をあげそうになると、

翔は「飛ぶんだ。おれは、飛んでいくんだ。走っているんじゃない」と自分に言いきかせた。（ ㋒ ）、ふしぎと楽になった。

（横山《よこやま》 充男《みつお》「ラスト・スパート」）

(1) ――線①〜③の表現がかかる言葉に、それぞれ〰〰線を引きなさい。（12点／一つ4点）

(2) （ ）㋐〜㋒には、どの言葉を入れるとよいですか。次から選んで、記号に○をつけなさい。（12点／一つ4点）

㋐ **ア** ところが **イ** だから **ウ** そして

㋑ **ア** ふわりと **イ** ちらりと **ウ** じっと

㋒ **ア** すると **イ** また **ウ** つまり

(3) 輝樹が、スピードを上げた理由は何ですか。（10点）

［ ］

(4) 翔に差をちぢめられたとき、輝樹はどのような反のうをしましたか。（10点）

［ ］

(5) ＝＝線部で、どうして翔は「しめた」と思ったのですか。（10点）

［ ］

## 3 次の作文を読んで、あとの問いに答えなさい。

「あっ、たまごだ。たまごをつけたのんがおるぞ。」

水そうをのぞきながら、淳《じゅん》くんがさけんだ。ぼくは、（もううんだのか、信《しん》じられんなあ。）とおもいながらも、①足は水そうに向かって走っていた。淳くんは、（本当だから、見てみいさ。）と言わんばかりに、にこにこしている。ぼくは、②半信半疑《はんしんはんぎ》で、水そうの中の一ぴき一ぴきを、注意深く調べた。

いたいた。ヒメダカの一ぴきが、はらに、五〜六つぶのたまごをつけて、ゆうゆうと泳いでいたのだ。

ぼくがはじめて見たたまごは、はちみつあめのようにすき通って、まるこくてかわいげだった。さっそく、理科室から、かいぼうけんび鏡《きょう》をもってきてのぞいてみると、中にとうめいなあわがあって、まわりにはうぶ毛のようなものがはえていた。

(1) ――線①は、どんなところが特徴的《とくちょうてき》な表現《ひょうげん》といえますか。（10点）

［ ］

(2) ――線②は、どの言葉にかかっていますか。次から選んで、記号で答えなさい。（8点） ［ ］

**ア** 一ぴき一ぴきを **イ** 注意深く **ウ** 調べた

(3) この文章に、題をつけなさい。（10点） ［ ］

〔香川大附属坂出中―改〕

# 23 文章を書く（段落《だんらく》を考えて）③

学習のねらい

段落を考えて書く問題です。書く内容《ないよう》を、どんな順序《じゅんじょ》で、どの場面やことがらから書き始め、どのように段落ごとにまとめるかを考えることです。

月　日

答え➡別さつ24ページ

## STEP 1 ステップ1

**1** ［段落と順序］次のメモは、朝市で自分の家のお店を手伝《てつだ》ったことを作文に書くためのものです。時間の古いものから順番に番号を書きなさい。

（　）お客さんが、大ぜい買いに来たこと。

（　）夜、ふとんに入って、いろいろ思い出したこと。

（　）売り出しの準備《じゅんび》と、お客さんをよびこんだこと。

（　）こんできたので家族で手分けして、いそがしく働《はたら》いたこと。

（　）帰りの自動車の中で、父にほめられたこと。

**2** ［段落ごとにまとめる］次の文章を読んで、あとの問いに答えなさい。

[1] もっとも簡単《かんたん》にナンバー1になれる種目《しゅもく》は、「あなたらしさ」である。

[2] 「あなたらしさ」という種目で、あなたにかなう人はいない。（中略《ちゅうりゃく》）

[3] だれしも得意《とくい》なことはある。努力《どりょく》しなくても、簡単にできてしまうこともあるし、努力してもなかなかできないこともある。努力しなくても、できてしまうことをてってい的《てき》に努力するというのも、ナンバー1になる一つの方法だろう。

[4] 皮肉なことに、好《す》きでもないのになぜかできてしまうことと、好きなのになかなかできずに苦手なことというのもある。できれば、好きなことを選《えら》びたい。あるいは、得意なことなのに、絶対《ぜったい》に勝てそうにないライバルがいることもある。

[5] そんなとき参考《さんこう》になるのが、生物の「ニッチシフト*」だ。

[6] ナンバー1になれるオンリー1の場所がニッチである。それは、自分の得意なことや、好きなことになる。そこで、少しずつずらしながら、その周辺で自分のニッチを探《さが》すのだ。好きなのに苦手なことは、少しずらせば、得意なことになるかも知れない。得意なのに好きでもないことは、少しずらせば、好きなことになるかも知れない。

[7] 「ずらしてみる」というのは生物にとって、重要《じゅうよう》な戦略《せんりゃく》である。

[8] すべての生物は、そうやってずらしながら、ナンバーワンになれるニッチを求《もと》めているのである。

（稲垣《いながき》 栄洋《ひでひろ》「雑草《ざっそう》はなぜそこに生えているのか」）

＊ニッチシフト＝自分がかつやくできるすきま（ニッチ）を求めて、生きる場所を少しずつ変《か》えていくこと。

重要
(1) この文章は四つに分かれています。それぞれの意味段落は、何番から何番までですか。

① 第一段落…〔　〕から〔　〕まで
② 第二段落…〔　〕から〔　〕まで
③ 第三段落…〔　〕から〔　〕まで
④ 第四段落…〔　〕から終わりまで

(2) 次の意味段落のまとめは、(1)で分けたどの意味段落のまとめですか。漢数字で書きなさい。

① 生物はみな、ニッチを「ずらしてみる」という戦略によって、一番を目指している。〔　〕
② 場合によっては、好きなことや得意なことが生かし切れないということもある。〔　〕

**3** ［段落の要点《ようてん》を見つける］**次の文章を読んで、あとの問いに答えなさい。**

文章がうまい人は、どのようなことに気をつけているのでしょうか。文章を上手に書くには、いくつかのコツがあります。そのひとつは、文章の中で同じ言葉を二回以上《いじょう》使わないということです。たとえば、「窓《まど》から朝日が差《さ》しており、その朝日はとてもまぶしかった。」という文があったとします。「朝日」という言葉が連続《れんぞく》して用いられていると、どこか文章のしまりが悪いですね。

そこで、「窓から朝日が差しており、その光はとてもまぶしかった。」と表現《ひょうげん》し直してみます。「朝日」を二回目で「光」と言いかえていることで、文のつながりがすっきりとします。このように、よい文章を書くには、言葉の言いかえが大切です。同じ意味を持つ語でも、別《べつ》の言葉で表すことで、文章に深みが増《ま》します。そのため、日ごろからできるだけたくさんの言葉を知っておくとよいでしょう。

(1) この文章の題としてよいものを次から選《えら》んで、記号で答えなさい。〔　〕

**ア** 朝の風景　**イ** たくさんの言葉
**ウ** 文書の書き方　**エ** まぶしい光

(2) ——線「その」は、何を指していますか。〔　〕

重要
(3) この文章を三つに分け、それぞれの段落の要点を書きなさい。

① 第一段落〔　〕
② 第二段落〔　〕
③ 第三段落〔　〕

月　日

時間30分　合かく80点　とく点　点

答え⬇別さつ24ページ

**1** 次の文章を読んで、あとの問いに答えなさい。

[1] ①いろいろな知識《ちしき》がつながってくると、世の中がよく見えてきます。それまで自分が経験的《けいけんてき》に知っていたことと、新しく教えてもらったことがつながって、もうひとつ高いレベルで意味を理解《りかい》できるようになるからです。そうすると、世界の見え方が変《か》わり始めます。②これが、学ぶことの*醍醐味《だいごみ》です。

[2] 今までまったく文字が読めなくて、五〇歳《さい》になって、初《はじ》めて文字を勉強し始めた女性《じょせい》がいました。彼女《かのじょ》は、「文字を勉強してから、夕日ってこんなにきれいだったのか、と思えるようになった」と言います。

[3] 文字を読めるようになると、知識への水路《すいろ》が広がります。いろいろなことを理解し、③それらの知識がつながってきたことによって、④夕日の美しさに改《あらた》めて気づいた、というのです。[　　]、人間の美意識は、知識とその知識への水路を少しでも身につけた⑤自分という存《そん》在《ざい》の喜《よろこ》びにつながっているということです。

（汐見《しおみ》　稔幸《としゆき》「人生を豊《ゆた》かにする学び方」）

＊醍醐味＝本当の楽しさ。

---

(1) [1]の文章を三つの段落《だんらく》に分け、第二、第三段落の初めの六字(句読点《くとうてん》をふくむ)を書きなさい。(12点／一つ6点)

第二段落 [　　　　　　]

第三段落 [　　　　　　]

(2) ――線①「いろいろな知識がつながってくる」とありますが、具体的に何と何がつながってくるのですか。文中の言葉を使って二つ答えなさい。(18点／一つ9点)

〔　　　　〕

〔　　　　〕

(3) ――線②・③は、それぞれ何を指していますか。(10点／一つ5点)

②〔　　　　〕

③〔　　　　〕

(4) 知識によって世の中がよく見えてくることの具体例《れい》が書かれている段落をさがし、初めと終わりの六字(句読点をふくむ)を書きなさい。(10点)

[　　　　　　]〜[　　　　　　]

(5) [　　]に入る言葉を次から選《えら》んで、記号で答えなさい。(5点)

〔　　〕

ア また　イ つまり　ウ しかし　エ 一方で

(6) ――線④「夕日の美しさに改めて気づいた」とありますが、それはなぜですか。(10点)

［　　　　］

(7) ――線⑤「自分という存在の喜び」とは、何と何を得ることで感じられますか。文中の言葉を使って二つ答えなさい。(10点／一つ5点)

［　　］［　　］

(8) この文章で筆者の結論《けつろん》が書かれているのは、どの段落ですか。数字で答えなさい。(5点)

［　　］段落

チャレンジ

## 2 次の文章の1～4の段落は、順序《じゅんじょ》がまちがっています。正しい順序にならべて、番号で答えなさい。(20点)

1 さらにものづくりは、もうひとつ、鉄のあるものを変化《へんか》させるのです。それは、鉄の値段《ねだん》です。単純《たんじゅん》なたとえですが、鉱山《こうざん》から取ってきた鉄鉱石《てっこうせき》の値段を一トン一万円とします。それを製鉄所《せいてつじょ》で鉄鋼材《てっこうざい》にすると、一トン十万円になります。そしてその鉄鋼材を工場でいろいろに加工して一台の自動車にすると、一台分が百万円にもなるのです。このように、役割《やくわり》の変化につれて鉄の値段も変化します。

2 鉄鉱石は、そのままではあまり暮《く》らしの役には立ちません。ところが製鉄所で鉄鋼材になると、すぐにビルや鉄橋やレールに使われます。自動車は、およそ一トンの、数にすると一万点とも二万点とも言われるほどの鉄の部品でつくられますが、これはもっと大勢《おおぜい》の人の役に立っています。

3 そのためにときどき、ものづくりとはお金をかせぐための仕事だと言う人がいます。でもそれはまちがいです。人の役に立つものをつくるからこそ、ものの値打ちが高くなって利益《りえき》が生まれるのです。利益だけを優先《ゆうせん》してものをつくろうとすると、ほんとうに人の役にたつものがつくれなくなってしまいます。

4 このように、鉱山にころがっている鉄鉱石は、人の働きによって鉄の役割を変化させるのです。それがものづくりです。

（小関《こせき》 智弘《ともひろ》「町工場のものづくり」）

［　］→［　］→［　］→［　］

月　日
答え⬇別さつ24ページ
時間30分
合かく80点
とく点　　点

❶ 次の文章を読んで、あとの問いに答えなさい。

[1] 意外なことに、タマネギはユリに近い仲間の野菜《やさい》です。そういえば、タマネギはユリやチューリップの球根《きゅうこん》とよく似《に》ています。じつは、①タマネギの食用部分はタマネギの球根なのです。ユリやチューリップは球根といっても、正確《せいかく》には根《ね》ではなく、「りん茎《けい》」とよばれる部分です。

[2] タマネギも同じです。タマネギを縦《たて》に半切りにしたとき、タマネギの根元にわずかにある芯《しん》の部分が茎《くき》です。その茎から出ている葉が栄養《えいよう》分をためて肥大《ひだい》して、りん茎を形成しているのです。私たちが食べる部分は葉が肥大した部分なのです。

[3] タマネギをチューリップの球根と同じように、土に植えると芽《め》が出てきます。芽を出して生長するための栄養分が詰《つ》まっているから、タマネギは栄養が豊富《ほうふ》なのです。タマネギには栄養分と水分が含《ふく》まれているため、土に植えなくても、食べ忘《わす》れておいておくと春になると芽が出てきます。驚《おどろ》くべき生命のパワーです。

[4] タマネギを横に切るとリング状《じょう》になっています。葉っぱなのになぜ輪《わ》になっているのでしょう。タマネギを育ててみると、②その答えがわかります。

[5] 「玉ねぎ」の名のとおり、玉から伸《の》びてきた葉はネギと同じように＊円筒《えんとう》形をしています。ネギはこの葉の根元が玉のように太ったものなのです。

（稲垣《いながき》　栄洋《ひでひろ》「野菜ふしぎ図鑑《ずかん》」）

＊円筒形＝まるいつつのような形。

(1) [1]～[5]は、段落《だんらく》の番号です。次の内容《ないよう》が書かれているのは、どの段落ですか。番号で答えなさい。（10点／一つ2点）

① いちばん言いたいことをまとめている。［　］
② 読者に問題をなげかけている。［　］
③ タマネギとユリの関係を書いている。［　］
④ タマネギの栄養について書いている。［　］
⑤ タマネギの茎について書いている。［　］

(2) ――線①「タマネギの食用部分」を具体的に述《の》べている部分を、[2]段落からぬき出して書きなさい。（10点）

［　　　　　　　　］

(3) ――線②「その」は、どのようなことを指していますか。（10点）

［　　　　　　　　］

## 2 次の文章を読んで、あとの問いに答えなさい。

蚊《か》ばしらの蚊は、風向きによっても体の向きを変えます。

テニスコートの蚊ばしらは、風のないときは木の枝《えだ》とか、屋根のひさしのほうを向いて飛《と》んでいます。そこへ風がふくと、風上を向く運動が加わります。枝を向いていたと思ったら、つぎは風上を向くといった飛びかたになるのです。そして風が強いときは、風上のほうだけを向きます。

あるとき観察《かんさつ》していると、いきなり突風《とっぷう》がふいたことがありました。蚊ばしらは一団《いちだん》となって、一瞬《いっしゅん》、まぼろしのかべをつきやぶり、風上に突進《とっしん》しましたが、すぐばらばらと、もとの場所にもどりました。まぼろしのかべからおし出されないように、風にいっしょうけんめいさからう性質《せいしつ》があって、①それがいきなりの突風に②こんなふうにあらわれたのだと思います。

（千葉《ちば》　喜彦《よしひこ》「蚊も時計を持っている」）

(1) この文章を二つに分けるとすれば、どこで分けられますか。区切るところの、初《はじ》めの五字をぬき出して書きなさい。（10点）

□□□□□

(2) この文章は、何について書いたものですか。（10点）

〔　　〕

(3) 蚊が飛ぶ様子を、次のようにまとめます。〔　〕にあてはまる言葉を書きなさい。（12点／一つ6点）

風がふいていないときは、木の枝や〔　　〕のほうを向いている。風がふくと、枝のほうから〔　　〕へと飛ぶ方向を変《か》える。

(4) ――線①「それ」は、何を指していますか。（10点）

〔　　〕

(5) ――線②「こんなふうに」は、蚊のどのような行動を指していますか。文中から一文をぬき出し、初めの五字を書きなさい。（10点）

□□□□□

重要

## 3 次のメモをもとに、転校した山口君に、学芸会《がくげいかい》の案内《あんない》の手紙を書きます。〔　〕に入る文章を考えて書きなさい。（18点）

〈メモ〉

- 日時
  十一月三日(金)
  午前九時
- 場所
  講堂《こうどう》
- プログラム
  当日受付で

山口君、お元気ですか。
ぼくたちの学校では、

〔　　〕

では、お元気で。さようなら。

十月五日　川西じゅん

山口しげき様

# そうふく習テスト①

月　日

答え➡別さつ25ページ

時間30分　合かく80点

とく点　点

**1** 次の送りがなの正しいほうの記号を、○で囲《かこ》みなさい。（18点／一つ2点）

(1) ア 試ろみる　イ 試みる

(2) ア 新らしい　イ 新しい

(3) ア 改ためる　イ 改める

(4) ア 冷たい　イ 冷い

(5) ア 産まれる　イ 産れる

(6) ア 悲なしい　イ 悲しい

(7) ア 少ない　イ 少い

(8) ア 加える　イ 加わえる

(9) ア 別れる　イ 別る

**2** 次の――線部を、漢字と送りがなで書きなさい。（10点／一つ1点）

(1) 体をそらす。〔　〕

(2) 病気がなおる。〔　〕

(3) しあわせだ。〔　〕

(4) 目をさます。〔　〕

(5) 手をあげる。〔　〕

(6) まどをあける。〔　〕

(7) 花をちらす。〔　〕

(8) ひもをむすぶ。〔　〕

(9) 道でころぶ。〔　〕

(10) 風がよわまる。〔　〕

**3** 次の漢字の部首名を書きなさい。（8点／一つ1点）

(1) 菜〔　〕

(2) 建〔　〕

(3) 速〔　〕

(4) 熱〔　〕

(5) 息〔　〕

(6) 類〔　〕

(7) 刷〔　〕

(8) 関〔　〕

**4** 次の言葉と反対の意味の言葉を漢字で書きなさい。（20点／一つ2点）

(1) 安心〔　〕

(2) 長所〔　〕

(3) 平和〔　〕

(4) 出席〔　〕

(5) 上流〔　〕

(6) 入学〔　〕

(7) 最高〔　〕

(8) 失敗〔　〕

(9) 登校〔　〕

(10) 曲線〔　〕

**5** 次の言葉はどんな様子を表していますか。あとから選《えら》んで、記号で答えなさい。（12点／一つ2点）

(1) 鼻にかける〔　〕

(2) 歯を食いしばる〔　〕

(3) 力を落とす〔　〕

(4) われに返る〔　〕

(5) 目をこらす〔　〕

(6) 聞き耳をたてる〔　〕

ア じまんする

イ がっかりする

ウ じっとがまんする

エ じっと見つめる

オ 集中して聞いている

カ はっと気がつく

**6** 次の文章を読んで、あとの問いに答えなさい。

流れこんでくる海水の中に、大きな黒いかたまりがちらりと見えたような気がした。

ぼくは、いそいでその場に立ち上がった。

そして、*とってい の上から身をのりだすようにして海面の様子をうかがった。でもどうしたことか、さっき見たはずの黒いかげはかき消えていた。

見まちがえたのかもしれない……。

がっかりして、なにげなく視線《しせん》を下に向けたぼくは、あわてて、①自分で自分の口をおさえた。

とってい下の海底《かいてい》に、大きな黒いかげがぼんやりと見えたからだった。

心ぞうがはげしく打ち、自分の体がふるえだすのがわかった。

ぼくは身をかがめ、とっていの上に（　②　）腹《はら》ばいになった。そして、息を殺《ころ》すようにして、その黒いかげを見つめた。

これがゆうれい魚《ぎょ》……。

③それは今まで想像《そうぞう》していたものとはぜんぜんちがった。

（福田《ふくだ》　隆浩《たかひろ》「幽霊魚《ゆうれい》」）

＊とってい＝岸から海に向かってつき出たてい ぼう。

---

(1) この文章の前半では、どのような様子が書かれていますか。次から選んで、記号で答えなさい。(4点)　〔　　〕

**ア** 大きなかげが消え去った後の海のおだやかな様子。
**イ** ぼく以外《いがい》に全く人気《ひとけ》のない海のものさびしい様子。
**ウ** 正体不明の生物におびえるぼくのたよりない様子。
**エ** 海を注意してのぞきこむぼくのあわただしい様子。

(2) ——線①とありますが、これは「ぼく」のどのような気持ちを表していますか。(10点)

〔　　　　　　　　〕

(3) （②）に入る言葉を次から選んで、記号で答えなさい。(4点)　〔　　〕

**ア** ふと　**イ** ぷいっと　**ウ** そっと
**エ** ふわりと

(4) ——線③「それ」は、何を指していますか。五字で文中からぬき出して書きなさい。(6点)

□□□□□

(5) この文章では、どんな様子が書かれていますか。次から選んで、記号で答えなさい。(8点)　〔　　〕

**ア** 暗くてきんぱくした様子。
**イ** 明るくてにぎやかな様子。
**ウ** しずかでさみしげな様子。

# そうふく習テスト②

月　日

答え➡別さつ25ページ

時間 30分　合かく 80点　とく点　　点

**1** 次の文章を読んで、あとの問いに答えなさい。

僕《ぼく》は、学ぶ目的《もくてき》のひとつは、「どうしたら自由になれるか」ということではないかと思っています。

「幸せになるため」という回答も悪くはないけれど、漠《ばく》然《ぜん》としすぎているような気がします。「少しでも自由になるために学ぶ」というほうが、たぶん理解《りかい》しやすいでしょう。

（Ａ）、この山を越《こ》えたところには、別の村があって、そこでは、いろいろな果物《くだもの》が豊《ゆた》かに実っているらしい。そういう話を伝《つた》え聞いても、昔は山に道がなかったので、①そこへ行くことができませんでした。

「この二〇〇〇メートルを超《こ》える山を、どうやって越えていけばいいのか」「途中《とちゅう》で迷《まよ》ったら、戻《もど》って来られないかもしれない」。そう考えて行動に移《うつ》せない時代が長かったのです。

（Ｂ）、長い歴史《れきし》の中で、先人たちが少しずつ＊先鞭《せんべん》を付《つ》け、山を越える道を見つけていきます。獣《けもの》の通り道をたどって、新たな道を見つけたりもします。（Ｃ）、ある道を歩いていったら、確実《かくじつ》に②向こうの村に行けることがわかるようになります。

（汐見《しおみ》稔幸《としゆき》「人生を豊《ゆた》かにする学び方」）

＊先鞭を付ける＝他よりも早く手を付けること。

(1) （Ａ）～（Ｃ）に入る言葉を次から選《えら》んで、記号で答えなさい。（15点／一つ5点）

ア でも　イ また　ウ さて　エ そして　オ たとえば

Ａ［　］　Ｂ［　］　Ｃ［　］

(2) 文中にかなづかいのまちがいが一つあります。ぬき出して正しく書き直しなさい。（6点）

［　］→［　］

(3) ――線①「そこ」は、どこを指していますか。（6点）

［　］

(4) ――線②「向こうの村に行けること」とは、何のことをたとえていますか。（8点）

［　］こと

(5) この文章の内容《ないよう》について適当《てきとう》なものはどれですか。記号で答えなさい。（15点）

［　］

ア 初《はじ》めに問題を投げかけて、後で答えを書いている。

イ 初めに言いたいことを述《の》べて、後で例《れい》をあげている。

ウ　前半で例をしめして、わかりやすく説明《せつめい》をしている。

エ　後半で前半とはちがう新たな話題をしめしている。

(6) この文章の題として適切なものを次から選んで、記号で答えなさい。（10点）　〔　　〕

ア　学ぶこと　　イ　山の村

ウ　先人たち　　エ　歴史

## 2 次の文章を読んで、あとの問いに答えなさい。

「①あんな＊外套《がいとう》着られやしない。」

「どうしてです。あれは学校着には惜《お》しい位いい＊羅紗《らしゃ》で出来てるのだから。」

「羅紗がよくったって、みんなのとは違《ちが》ってるんだもの。」

「違ってるとは、どこが皆《みな》さんのと違ってるの。」

「ボタンがもっとうんと附《つ》いているんだ。」

そんな出鱈目《でたらめ》がなぜ口から出たのか自分でも不思議《ふしぎ》であった。しかし兄の古ものに較《くら》べれば、彼《かれ》らの新しい外套のボタンはその十倍ついているといってもいい位キラキラしていたのは確《たし》かであった。母は少し乱視《らんし》になって、見据《みす》えると怒《おこ》っていなくとも睨《にら》むようになる眼《め》を、隆《たかし》のぽっつりと一つ赤い吹《ふ》き出ものの出た額《ひたい》にとめてから、念《ねん》を押《お》した。

「隆ちゃん、ボタンさえ直せば、じゃきっと着ていくのでしょうね。」

「うん」

「それなら明日忘《わす》れずに買っていらっしゃい。ちょうどお小遣《こづか》いもあげようと思っていたんだから。」

口惜《くや》しく追いつめられた感じで、隆は畳《たたみ》の上の五十＊銭銀《せんぎん》貨《か》の、なにか＊酷薄《こくはく》に②しろじろとした二つの円を眺《なが》めた。と急に、それが③霧《きり》の中の月のように、ぼうっと大きく拡《ひろ》がって重なりあった。隆は涙《なみだ》を見られまいとして、ひっさらうように銀貨をつかんで母の部屋を出た。

（野上《のがみ》　弥生子《やえこ》「哀《かな》しき少年」）

＊外套＝オーバーコート。　＊羅紗＝毛織物《けおりもの》の一種《いっしゅ》。

＊五十銭銀貨＝昔のお金の種類。　＊酷薄＝薄情《はくじょう》なこと。

(1) ――線①のように、隆が言ったのはなぜですか。（15点）

〔　　〕

(2) ――線②は、どんな様子を表していますか。次から選んで、記号で答えなさい。（10点）

ア　母のにくしみが乗りうつったような様子。

イ　隆をはねつけるような冷ややかな様子。

ウ　二人の争《あらそ》いに関係《かんけい》なく光っている様子。

エ　解決策《かいけつさく》として出されてすがすがしい様子。　〔　　〕

(3) ――線③のように見えたのは、なぜですか。（15点）

〔　　〕

# そうふく習テスト③

月　日

答え⇒別さつ26ページ

時間45分　合かく80点

とく点　　点

**1** 次の文章を読んで、あとの問いに答えなさい。

①日本語の歴史《れきし》を知ることには、どういう意味があるのでしょうか？　日本語の将来《しょうらい》は、日本語を話す人々すべての問題です。日本語を②生かすも殺《ころ》すも、日本語を話す人々の考え方にかかっています。敬語《けいご》をどうするのか？「③言葉の乱《みだ》れ」をどう考えるべきなのか？　これからの日本語をどういう方向に考えていくべきなのか？　日本語を使っている人々一人一人が、考えてみるべき問題です。

あなたは、④今話している日本語がなくなったらどうなるかという問題を考えてみたことがあるでしょうか？　たとえば、英語《えいご》だけで用をたさなくてはいけない状態《じょうたい》になったとしたら？　㋐、権力《けんりょく》で強要《きょうよう》されれば、長い時間をかけて、英語だけを話すようになるでしょう。でも、英語という糸で織《お》り成《な》される文化は、日本語という糸でつむぎ出されていた織物《おりもの》とは全く異《こと》なっているのです。㋑、日本語には擬音語《ぎおんご》・擬態語《ぎたいご》が豊《ゆた》かに存在《そんざい》します。㋒、英語にはあまりありません。㋓、こんなことが起こります。

鳩子《はとこ》さんは、そんな三好《みよし》さんをジロリと流し見た。

これは、日本語の文です。これを英語で言おうとすると、「ジロリ」という擬態語がうまく表現《ひょうげん》できないのです。藤田孝《ふじたたかし》・秋保慎一《あきほしんいち》編『和英擬音語・擬態語翻訳辞《ほんやくじ》典《てん》』では、この箇所《かしょ》を「鳩子は彼《かれ》に鋭《するど》い横目を向けた」といった意味の英語に翻訳しています。これでは「ジロリ」の持っている眼球《がんきゅう》を左から右へあるいは右から左へ移動《いどう》する動きが、失《うしな》われてしまいます。「ジロリ」は、単《たん》に「鋭い横目」という抽象的《ちゅうしょうてき》な言葉では表せないような、具体的で感覚《かんかく》的な意味を持つ言葉です。つまり、⑤日本語で織り成されていた織物のもっていた独特《どくとく》の風合いがなくなってしまったのです。母国語を失うということは、ものの考え方、感じ方を失うということ。大げさに言えば、具体的で感覚的な日本文化が消えているのです。もちろんそれでもいいと⑥おっしゃる方もいらっしゃるかもしれません。

⑦そういう方は、ぜひとも次の問題も考えてみてください。世界中の言葉がすべて英語だけに統一《とういつ》されてしまったとします。すると、どの地域《ちいき》からも⑧英語という糸で織り成される織物しか出来ません。それぞれの地域のもっていた独特の風合いが失われ、どの地域に行っても、

ひっぱると，はずして使えます。

小4

# 標準問題集
# 国語
## 答え

# 答え

小4 標準問題集 国語

## 3年のふく習① 2〜3ページ

**1** (1)にんぎょう (2)つうこう (3)おんしつ (4)なら (5)にもつ (6)かわしも (7)なお (8)ちょくせん (9)しょうじき (10)ただ

**2** (例《れい》)(1)決 (2)柱 (3)使 (4)詩 (5)終 (6)打 (7)安 (8)雪 (9)庭 (10)返 (11)秒 (12)陽 (13)待 (14)神 (15)服 (16)部 (17)葉 (18)息 (19)族 (20)習

**3** (1)イ (2)ア (3)ア (4)イ

**4** (1)屋上 (2)注意 (3)整列 (4)発表 (5)野球

**5** (1)相 (2)長 (3)物 (4)駅 (5)後

**6** (1)夕(晩《ばん》) (2)晴 (3)多 (4)地 (5)始 (6)出

**考え方**

**1** 熟語《じゅくご》の組み立てや意味なども考えながら、読みを覚《おぼ》えます。

**2** 部首をヒントに考えましょう。

**3** 「庭」は、「广」の次に「壬」を書きます。「乗」は、木の上に人がのるという会意文字です。「ノ」から始めて、横棒《よこぼう》を二本書きます。

**4** (1)「屋上」は屋根の上のことです。(3)「整列」は、きちんと列をつくってならぶことです。

**5** (1)「相談」から考えます。(2)「校長」から考えます。(3)「植物」から考えます。(4)「駅《えき》伝《でん》」から考えます。(5)「直後」から考えます。

**6** 一字の反対語です。そのまま組み合わせると熟語になります。

## 3年のふく習② 4〜5ページ

**1** (1)まっしぐらに (2)からからに (3)ふんわりした (4)またたくまに (5)そっと (6)めざましい (7)こころぼそい

**2** (1)会話 (2)動作 (3)決行 (4)回転 (5)坂道 (6)開化 (7)研究 (8)神話

**3** (1)広い・イ (2)長くする・カ (3)かかる・エ (4)すべる・ウ (5)立たない・オ (6)まく・ア

**4** エ

**5** (1)し (2)ので(から)

**考え方**

**1** 主語や述語《じゅつご》とどうつながるかを考えます。犬—走るなら、いちもくさんとか、まっしぐらとか、言葉のイメージをすなおに思い起こすことです。

**2** 少しむずかしい問題です。日ごろから熟語《じゅくご》を覚《おぼ》えるときは、漢字だけではなく、意味もしっかり覚えるようにしましょう。

**3** それぞれ慣用句《かんようく》です。「顔が広い」は、その状態《じょうたい》を想像《そうぞう》して、多くの人によく知られている状態だと判断《はんだん》していきます。

**4** ①はたとえの話を、②は反対の話を、③はわかりやすく言い直しをしていることから、それぞれ考えましょう。

**5** 一つの文にしても同じ意味になるように、あてはまる言葉を考えましょう。

## 3年のふく習③ 6〜7ページ

**1** (1)こうたがお面を取ろうとしたので、ごんじいがおどろいた。 (2)お面をかぶっていてもいいから。 (3)みんなもこうたといっしょにお祭りを楽しみたいから。 (4)ウ (5)ごんじいにお礼を言いたかったから。

**考え方**

ごんじいや村人が、きつねとわかっていて、こうたにやさしく接《せっ》する気持ちの交流をとらえます。「つかまえたりなんか、しないよう。」は、そのことを表しています。たぶん、ふだんはきつねはつかまえられる対《たい》象《しょう》なのでしょう。きつねと人間のふれ合いを通して、人間どうしのコミュニケーションをも考えさせるものです。「いつの間にか」ふたたび、こうたはごんじいの前にあらわれますが、ほのぼのとした気持ちのふれあいが感じられるところです。

## 3年のふく習④　8〜9ページ

**1** (1)目の不自由な人が町を安全に歩けるように、目の代わりになって助ける犬。
(2)人間の言うことにしたがう訓練・人を安全にみちびく訓練
(3)犬は、もともと活発な動物であるから。
(4)ハーネス
(5)使っている人にとってきけんな命令もあるため。　(6)エ・オ

**ここに注意**　「3年のふく習」では、漢字についての学習と、言葉についての（語彙《ごい》をふやす）学習をしっかりしておきましょう。漢字で見のがしやすいのが、筆順《ひつじゅん》です。まちがった筆順を覚《おぼ》えてしまうと、なかなか修正《しゅうせい》はむずかしいです。今のうちに正しい筆順をふく習し、身につけるようにしましょう。

## 1 漢字の読み方　10〜11ページ

### ステップ1

**1** (1)まんなか　(2)さ　(3)きょうりょく・せいこう　(4)たん　(5)いんしょくぶつ・にがて　(6)みんわ　(7)じんこう　(8)はつ

**2** (1)ア　(2)ア　(3)イ　(4)ア　(5)イ　(6)イ　(7)ア　(8)イ　(9)イ　(10)ア　(11)イ　(12)イ

**3** (1)こさめ　(2)ゆげ　(3)こだち　(4)はるさめ　(5)かわら　(6)ぶっぴん　(7)けしき　(8)はなぢ　(9)みかづき　(10)はつか

**4** (1)そうげん・くさはら
(2)そとうみ・がいかい
(3)しょにち・はつひ
(4)ふうしゃ・かざぐるま
(5)しきし・いろがみ
(6)いちば・しじょう
(7)せんてい・ふなぞこ
(8)じょうず・うわて（かみて）
(9)そうもく・くさき
(10)ちくりん・たけばやし

**考え方**

**1** (1)「真」を「ま」と読む熟語《じゅくご》は、ほかに真冬（まふゆ）があります。真っ青（まっさお）は特別《とくべつ》な読み方ですが、「真」を「ま」と読みます。(5)「苦」は訓《くん》読みで「にが（い）」です。(8)「初」は「初物」（はつもの）から考えます。

**2** (1)「残」は、訓読みが「のこ(る)」、音読みが「ざん」です。(5)「芽」の音読みは「が」、訓読みは「め」で、ここでは音読みです。

**3** 読みのむずかしい漢字を集めてあります。特別な読み方（熟字訓《じゅくじくん》など）の入門と考えて、漢字にはいろいろな読みがあることを理解《りかい》することです。特に熟字訓など、長い習慣《しゅうかん》で読まれていることもあるので、一字の音読み・訓読みの辞書的《じしょてき》意味からは外れることも了解《りょうかい》していくことです。

**4** 一つの熟語でも漢字の音読み・訓読みにより「音・音」や「音・訓」などいろいろな組み合わせがあるので、物語文や説明文《せつめいぶん》を読むときに読みまちがえのないようにする必要《ひつよう》があります。文章の展開《てんかい》に漢字の読みがかかわることもあるからです。

### ステップ2　12〜13ページ

**1** (1)はか　(2)ぎょぎょう　(3)ふきん　(4)いふく・おび　(5)なんとう

(6)しんわ　(7)おきなわ　(8)でんちゅう
(9)ことし　(10)は

2
(1)ウ　(2)イ　(3)ア　(4)ア　(5)ウ　(6)イ
(7)ウ　(8)ア　(9)イ

3
(1)セイ・ショウ　(2)ブツ・モツ
(3)トウ・ズ　(4)リョウ・ギョ
(5)キョウ・ケイ　(6)ケイ・ギョウ
(7)シキ・ショク　(8)カン・ケン
(9)ゴ・コウ　(10)ミョウ・メイ
(11)ビン・ベン　(12)ゴン・ゲン

4
(1)けいかく・ずが
(2)がいこく・そとがわ
(3)にっちょく・しょうじき
(4)ぶんしょう・もんよう
(5)たびびと・りょこう
(6)つごう・とかい
(7)さぎょう・さくもつ
(8)ともだち・しんゆう

5
(1)1・ゆうりょう　(2)1・かんさつ
(3)1・ほんみょう　(4)1・こくみん
(5)2・ゆうだち　(6)1・いんさつ
(7)3・さんどう・やまみち
(8)1・くべつ
(9)3・ねんげつ・としつき
(10)1・ほうそう

**考え方**

1 (1)「量(りょう)」の訓《くん》読みです。(10)「生」は「い(きる)」「う(まれる)」「は(える)」などと読みます。

2 (1)やまざと、(2)やぬし、(3)にんげん、(4)かっせん、(5)みょうちょう、(6)こうほう、(7)くぎょう、(8)げんき、(9)むくち と読みます。

3 (3)の「ズ」、(10)の「ミョウ」など、特別《とくべつ》な読み方をするものに注意しましょう。

4 音読みの二つある漢字、音読みと訓読みのまじっている読み方のものなどいろいろあります。

**ここに注意** 4 音訓のまじっている読み方で、上が音、下が訓の場合を重箱《じゅうばこ》読み、上が訓、下が音の場合を湯桶《ゆとう》読みといいます。

## 2 漢字の書き方

### ステップ1

14〜15ページ

1
(1)競　(2)旗　(3)昨　(4)散　(5)底　(6)置
(7)倉

2
(1)行　(2)共　(3)治　(4)努

3
(例《れい》)(1)願・伝・失・祝・戦
(2)置・続・欠・焼・省
(3)栄・伝・覚・例・変

4
(塩から)塩分→分母→母国語→言語学者→医者

5
(1)週　(2)列　(3)街　(4)栄　(5)案　(6)候
(7)管　(8)給　(9)産　(10)希

**考え方**

1 筆順《ひつじゅん》にも気をつけて書きます。(3)「一昨日」はおとといのことです。(2)「旗」、(5)「底」が訓《くん》読みで、あとは音読みです。

2 先に音読みの漢字を考えると早いです。(1)「行進」の「行」の訓読みは「い(く)」「ゆ(く)」です。(2)「共通《きょうつう》」の「共」の訓読みは「とも」です。(3)「治水《ちすい》」の「治」の訓読みは「おさ(める)」「なお(す)」です。

3 4年生で習う漢字を集めています。3年までに習う漢字では、歌う、言う、開く、引く、空く、教えるなどがあります。

4 漢字のパズルです。□の言葉を漢字に直してから考えます。

5 (2)・(3)以外は同じ読みの漢字です。(2)「行列」の「列」は「例」と形が似《に》ている漢字です。

### ステップ2

16〜17ページ

1
(1)動→働　(2)季→希　(3)役→約
(4)才→最　(5)関→完　(6)線→戦

2
(1)笑　(2)然　(3)栄　(4)灯　(5)機　(6)媛
(7)験　(8)連　(9)観　(10)照

3
(1)最初　(2)栄養　(3)印刷　(4)会議
(5)参考　(6)冷たい　(7)加える　(8)願う
(9)必ず　(10)別れる(分かれる)　(11)花束
(12)横笛　(13)大豆　(14)半径　(15)仲間

(16)宿題 (17)改める (18)羊 (19)名札 (20)泣く(鳴く)

**4** (1)訓練 (2)目標 (3)自然 (4)変化 (5)健康 (6)分類 (7)発達 (8)記録

**5** (1)帰る (2)梅 (3)急いで (4)飲む (5)働く (6)悲しい (7)改める (8)計る (9)消す (10)遊ぶ (11)晴れる (12)伝える (13)巣 (14)親しい (15)敗れる (16)覚ます

**考え方**

**1** (1)「動」は「うごく」という意味です。「労働」の「働」は「はたらく」です。(2)「季」は「季節《きせつ》」のように用いられます。(3)「やくそく」の漢字です。(4)「さいちょう」の漢字です。(5)「かんせい」の漢字です。(6)「さくせん」の漢字です。

**2** (2)「然」は「自然(しぜん)」の読みもあります。

**3** 音読みが同じで意味や文字のちがう漢字がたくさんあるので、一つ一つの漢字の意味をよく考えて書きましょう。

**5** (1)「帰る」と「返る」などのように、まぎらわしい使い分けはチェックしていくようにしましょう。(6)(7)「悲しい」や「改める」などの送りがなは今後もよく出てきます。作文を書くときなど、みなさん自身でも積極的《せっきょくてき》に使いながら覚えましょう。(8)重さや量《りょう》をはかる場合は、「量る」となります。

# 3 漢字の組み立てと漢字辞典の使い方

## ステップ1

18〜19ページ

**1** (1)材・札・校 (2)借・便・位 (3)選・連・達 (4)順・願・題 (5)固・回・国 (6)課・訓・議 (7)完・官・宿

**2** (1)印・成 (2)庭・病 (3)礼・皮 (4)鼻・管 (5)観・曜

**3** (1)努 (2)察 (3)陸 (4)器

**4** (1)ア (2)イ (3)ア

**5** (1)静 (2)械 (3)博 (4)老 (5)低 (6)満

**6** (1)九 (2)七 (3)六 (4)八 (5)九 (6)十 (7)十 (8)九

**考え方**

**1** (1)きへん、(2)にんべん、(3)しんにょう(しんにゅう)、(4)おおがい、(5)くにがまえ、(6)ごんべん、(7)うかんむり となります。

**2** あとの漢字の画数は次のとおりです。庭10、礼5、鼻14、病10、観18、皮5、曜18、印6、成6、管14 です。画数も大切です。しっかりとふく習しておきましょう。

**3** 部首にあたるものをさがします。(1)ちから、(2)うかんむり、(3)こざとへん、(4)くち です。

**4** まちがえやすい筆順《ひつじゅん》の漢字です。**6** の「ここに注意」で、基本的《きほんてき》な筆順のきまりを見直しておきましょう。

**5** 漢字を一画までも確実《かくじつ》に覚《おぼ》えておくための問題です。

**6** 総《そう》画数を正しく数えるには、正しい筆順が大切です。筆順にはおもなきまりがありますので、この原則《げんそく》を正しく覚え、気をつけて練習しましょう。

**ここに注意** **6** 筆順のきまり

(1)上から下へ書く (例 客・喜)
(2)左から右へ書く (例 川・竹)
(3)横から先に書く (例 土・用)
(4)たてから先に書く (例 田・角)
(5)中心を先に書く (例 小・水)
(6)外側《そとがわ》を先に書く (例 国・同)
(7)左ばらいを先に書く (例 文・父)
(8)つきぬけるたては最後《さいご》に書く (例 中・書)
(9)つきぬける横は最後に書く (例 女・子)
(10)横と左ばらい
・横が長い場合は左ばらいを先に書く (例 右・有)
・左ばらいが長い場合は横を先に書く (例 左・友)

## ステップ2

20〜21ページ

**1** (1)6 (2)6 (3)10 (4)7 (5)10 (6)7 (7)10 (8)10 (9)3 (10)9

**2** (1)十 (2)六 (3)十二 (4)七 (5)十

(6)六 (7)十二 (8)十 (9)七

**3** (1)宀・うかんむり (2)广・まだれ
(3)氵・さんずい
(4)辶・しんにょう(しんにゅう)
(5)刂・りっとう (6)田・た
(7)牛・うしへん (8)艹・くさかんむり
(9)心・こころ (10)亻・ぎょうにんべん

**4** (1)歯 (2)飯

**5** (1)①しんにょう(しんにゅう)
②もんがまえ ③つきへん
④ふるとり
⑤おいかんむり(おいがしら)
(2)①八 ②十 ③十二 ④十 ⑤九

**6** (1)ウ・オ (2)イ・エ
(3)イ・ウ(順不同《じゅんふどう》)・ア

**7** (1)こざとへん (2)かい (3)十二

**8** (1)三 (2)三 (3)四 (4)六 (5)三 (6)二
(7)七 (8)七 (9)六 (10)四 (11)七 (12)五

**9** (1)八 (2)十 (3)七 (4)九 (5)十
(6)十一 (7)五 (8)十二 (9)三 (10)六
(11)六 (12)十

**10** (1)キ・はた
(2)コウ・すく(このむ)
(3)シュウ・まわり
(4)ヨウ・やしなう
(5)セン・えらぶ
(6)テイ・ひくい(ひくまる・ひくめる)
(7)ドウ・はたらく
(8)ベツ・わかれる

---

**考え方**

**1** (8)の「阝」は三画で書きます。

**2** 正しい筆順で書いて、総《そう》画数を調べましょう。

**3** 「部首」は七種類《しゅるい》に分けられますが、その一つひとつに、部首名がついています。「へん」や「かんむり」にはどんなものがあるか、覚《おぼ》えることが必要《ひつよう》です。

**4** 細かいところまでよく見ましょう。(1)は横が短くなっているところ、(2)は「へん」の部分が少しちがっています。

**5** (1)②「門」がついている漢字の部首は、すべて「もんがまえ」になるわけではありません。「問」の部首は「くち」、「聞」の部首は「みみ」になりますので、まちがえないようにしましょう。⑤「おいかんむり(おいがしら)」には、「老」「考」などもあります。

**6** 漢字辞典《じてん》の三つの引き方について、正しく区別《くべつ》できるようにすることが大切です。

**7** (1)「こざとへん」と、「都」「部」などの「つくり」である「おおざと」とをまちがえないようにしましょう。

**8** (1)の「英」の部首は「艹(くさかんむり)」で、画数は三画です。

**9** (11)「好」の「女」は三画、(12)「連」の「辶」は三画で書きます。

---

**ここに注意 2** 漢字では、一つの点や線を一画といい、ひと続きに書くものはすべて一画に数えます。(2)印(六画)、(9)医(七画)はまちがえやすいので注意しましょう。

**ここに注意 3 部首の見分け方**

①へん 漢字の左側
例 木(きへん)・禾(のぎへん)
②つくり 漢字の右側
例 刂(りっとう)・殳(るまた)
③かんむり 漢字の上
例 宀(うかんむり)
④たれ 漢字の上と左
例 广(まだれ)・厂(がんだれ)
⑤にょう 漢字の左から下
例 辶(しんにょう・しんにゅう)・廴(えんにょう)
⑥かまえ 漢字をかこむ
例 囗(くにがまえ)・門(もんがまえ)
⑦あし 漢字の下
例 灬(れんが・れっか)・心(こころ)

**ここに注意 7 漢字辞典の引き方**

①部首引き…調べたい漢字の部首の画数を数え、部首さく引の中からその部首を見つけ、そのページを調べます。
②総画引き…調べたい漢字の総画数を数え、総画さく引の中からその漢字を見つけ、そのページを調べます。

③音訓《おんくん》引き…調べたい漢字の音と訓を、五十音順にならべてある音訓さく引の中から見つけ、そのページを調べます。

## ステップ3 1～3 22～23ページ

❶ (1)かんじじてん (2)なんきょくたいりく (3)えんようぎょぎょう (4)しょくぶつかんさつ (5)ぼうえんきょう

❷ (1)がんせき1・いわやま2 (2)しゅるい1・なたね2 (3)みちじゅん3・じゅんばん1 (4)なふだ2・さつたば3

❸ (1)くるしい(くるしめる・くるしむ)・にがい(にがる) (2)とおる(とおす)・かよう (3)おさめる(おさまる)・なおす(なおる) (4)さます(さめる)・おぼえる (5)かさなる(かさねる)・おもい (6)あらわす(あらわれる)・おもて (7)うしろ・あと・のち (8)このむ・すく (9)けす・きえる

❹ (1)協力・残念 (2)出漁・必要・積み (3)方言・共通語・分類 (4)利用・意味・調べる (5)失敗・成功 (6)城・周り・植える

❺ ①音・さん ②訓・め ③訓・あらた ④訓・ねが ⑤訓・まる ⑥訓・かがみ ⑦訓・ひろ ⑧訓・あそ ⑨訓・まご ⑩音・せん ⑪音・そう ⑫訓・づつみ ⑬訓・あ

❻ (1)イ (2)エ (3)ア (4)イ (5)ア (6)ア (7)エ (8)エ (9)ウ (10)ウ

❼ (1)ア (2)イ (3)イ (4)ア (5)イ (6)ア (7)イ (8)イ (9)ア (10)ア (11)ア (12)ア (13)イ (14)イ (15)ア

考え方

❶ これらの三字、四字の熟語《じゅくご》は、すべて二つの言葉に分けられます。ほかの言葉と組み合わせて、別の言葉をつくってみましょう。

❷ (3)「道順」は湯桶《ゆとう》読み(上が訓《くん》、下が音)です。「順」や「番」は、音読みがあって訓読みのない漢字です。

❸ 読み方がちがうと、送りがなのつけ方も変わってきます。注意して送りがなをつけましょう。

❹ 短い文の中で、言葉の意味を考えて漢字をさがすことが大切です。

❺ ⑦「広場」は、上の字も下の字も訓読みです。

❻ どの部分が部首にあたるのかを、しっかり見きわめましょう。

❼ (8)・(12)・(15)などはまぎらわしいので、日ごろから正しい筆順で漢字を書くように心がけることが大切です。

ここに注意 ❸(1)「苦しい」のように「～しい」がつく言葉は「し」から送ります。ほかに「楽しい」「美しい」などもあります。

# 4 いろいろな言葉

## ステップ1 24～25ページ

❶ (1)高 (2)寒 (3)深 (4)冷 (5)買 (6)直

❷ (1)多様 (2)短所 (3)安心 (4)敗北 (5)弱小 (6)成功

❸ (1)うばう (2)ほそい (3)へらす (4)こい (5)おわる (6)あう (7)あいする (8)ひろう

❹ (1)語気 (2)材料 (3)家来 (4)進歩 (5)勉強 (6)文書

❺ (1)カ (2)オ (3)ケ (4)イ (5)エ (6)キ

❻ (1)不・ウ (2)無・オ (3)不・キ (4)無・イ (5)無・エ (6)無・ア (7)未・ク (8)無・カ

考え方

❶ 訓《くん》読みで考えるとよくわかります。(1)「高低」のように、反対語の組み合わせの二字

熟語《じゅくご》もあります。

2 二字熟語の反対語です。新しい語句を覚《おぼ》えるときに、いっしょに反対語も覚えましょう。

3 (4)「あわい」とは、「色や味などが、うすい」という意味です。(5)「はじめ」の場合の反対語は「おわり」になります。

4 (1)「口調」は声に出したときの言葉の言い方のことで、「語気《どうぎご》」は話すときの言葉の強弱を意味する同義語です。例文《れいぶん》を調べるなどして、使い方を確認しましょう。(4)「向上」はいい方へ向かうことで、「進歩」は類義語《るいぎご》(同義語)です。

5 たとえる言葉の持つ意味、表す形や音・色などを考えて、続《つづ》く言葉を選びます。(1)「りんご」は赤い→ほおが赤いという意味です。(2)「もみじ」は葉っぱが手の形で小さくてかわいいところから、たとえられています。

6 (1)「未満」もありますが、ここでは「物足りないこと。」の「不満」です。(7)「不定」もありますが、ここでは「まだ決まらないこと。」の「未定」です。

**ここに注意** 6 **おもな熟語のなりたち**

①幸福…幸せ・福（同じ意味が重なっている）
②大小…大きい・小さい（反対の意味が重なっている）
③曲線…曲がった線（上が下をかざっている）
④消火…火を消す（下が上の目的語になっている・～を(に)～する）
⑤不幸《ふこう》…不・幸せ（下の意味を打ち消している）

**ステップ2** 26～27ページ

1 (1)白 (2)陸 (3)入 (4)身(体) (5)短 (6)弱 (7)害 (8)買

2 (1)ウ (2)エ (3)オ (4)ウ (5)エ (6)エ

3 (1)イ・エ (2)ア・オ (3)ウ・エ (4)ア・ウ (5)ア・ウ (6)ウ・オ (7)ウ・オ (8)イ・エ (9)ア・ウ (10)ア・ウ

4 (1)イ (2)イ (3)ア (4)イ

5 (1)かたみ (2)発見 (3)そうだ (4)ザーザー(ざんざん) (5)観察 (6)手

6 (1)多数 (2)上品 (3)はやい(早い・速い) (4)夜 (5)登校 (6)入学 (7)市外 (8)戦争 (9)散《ち》る (10)笑《わら》う (11)敗北《はいぼく》 (12)苦しみ

7 (1)ウ (2)ク (3)イ (4)カ

**考え方**

1 熟語《じゅくご》には、反対の意味を持った漢字が組み合わさってできているものがたくさんあります。

2 これらの言葉を使った短文や、どんなときに使われていたかをよく思い出しましょう。

3 (2)は数の単位《たんい》です。(5)学校には教室があるので、「ア・イ」と答えそうになりますが、すべての選《せん》たくしに目を通してから答えを考えましょう。(7)「首相《しゅしょう》」とは「総理大臣《そうりだいじん》」のことです。このような言いかえも答えのヒントになります。(8)「旅館」と「宿屋」はともに、宿泊《しゅくはく》するところとなります。**ウ**の「観光」は景色《けしき》などを見物して歩くことですので、**オ**の「土産《みやげ》」となかまとしないようにしましょう。

4 文をよく読み、その意味を理解《りかい》してから、その言葉の意味を考えるようにしましょう。

5 (1)と(6)は慣用句《かんようく》、(2)と(5)は熟語、(3)は伝聞《でんぶん》のときの文末表現《ぶんまつひょうげん》です。

6 今までに学習した反対語や同義語《どうぎ》(同じような意味の言葉)を整理しておきましょう。そして、漢字を覚《おぼ》えている言葉は必《かなら》ず漢字を使って書くようにしましょう。

7 文をよく読み、文全体の述《の》べていることや意味をまず理解しておきます。次に、ならべてある言葉の中から選《えら》んだ言葉を順番《じゅんばん》に文中の（　）にあてはめて、前後の関係から適当《てきとう》かどうか考えます。

# 5 言葉の意味

**ステップ1** 28～29ページ

1 (1)石 (2)竹 (3)天 (4)板 (5)高 (6)外

**2** (1)すべらせて　(2)あらし　(3)神
(4)返事　(5)細心　(6)たっぷり
(7)はなむけ

**3** (1)ア　(2)イ　(3)ア　(4)ウ

**4** (1)ウ　(2)ア　(3)イ　(4)エ

**5** (1)オ　(2)エ　(3)ク　(4)カ

**6** (1)イ　(2)イ　(3)ア　(4)イ　(5)ウ

**考え方**

**1** 漢字一字の意味と、そのイメージをふくらませると理解《りかい》しやすいです。(1)「石」はかたい→かじりついても、ということで、「どんな苦労《くろう》をしても」という意味です。(2)「竹」はわるとまっすぐにわれるところから、人の性格《せいかく》がさっぱりしていることを「竹をわったような」と使います。(4)地位《ちい》や仕事、服そうなどがなじんで、その人にぴったりと合うことです。

**2** (1)うっかりしゃべるという意味です。(2)重大なことが起こる前の不気味な静けさを「あらしの前の静けさ」と言います。(4)気軽に、すぐ承知《しょうち》するという意味です。

**3** 言葉はその使い方によって、さまざまな意味をしめします。その言葉のかわりに意味をあてはめてみると、よくわかるでしょう。

**4** (1)の「とまる」の意味を、**エ**としないように注意しましょう。

**5** 「ことわざ」は、どれも短い言葉ですが、人生の真実や真理が述《の》べてあり、味わい深いものがあります。
それぞれの意味は次のとおりです。
(1)自分のためになるものは、とかく受け入れにくい。
(2)言わないほうが味わいがあること。
(3)どんな名人でも、ときには失敗《しっぱい》することがある。
(4)小さいものでもたくさん集まれば大きなものとなる。

**6** どんなときに使われるかを思い起こしてみましょう。

## ステップ2　30〜31ページ

**1** (例《れい》)(1)アつくる　イ広める
(2)ア上から注ぐ　イぶら下げる
(3)ア書く・記す　イこっそりついて行く

**2** (1)イ　(2)エ　(3)ア　(4)ウ

**3** (1)イ　(2)ア　(3)ウ　(4)オ　(5)キ　(6)カ
(7)ク　(8)エ

**4** (1)イ　(2)ア　(3)ア　(4)イ

**5** (1)気　(2)毛　(3)戸　(4)目　(5)地

**6** (1)エ　(2)イ　(3)ウ

**考え方**

**1** 文全体をよく読んで、言葉の意味を考えましょう。

**2** 故事成語《こじせいご》です。(1)いっしょに竹馬に乗って遊んだ友、つまり、幼《おさな》なじみのことです。(2)戦場《せんじょう》で、五十歩逃《に》げた者が百歩逃げた者をおく病だと笑《わら》ったところから、どちらもにたりよったりだということです。(3)「史記」に出てきます。水を背《せ》にした戦法《せんぽう》から、逃げられない方法《ほうほう》で事にあたることをいいます。(4)「戦国策《せんごくさく》」から出た言葉です。シギとドブガイが争《あらそ》っているところへ漁夫が通りかかり、両方ともつかまえてしまったことから、この言葉が使われています。

**3** 文字の意味ではなく、いいならわしになっているきまり文句なので、ふだんの生活の中で使ったことはなかったか考えましょう。

**4** **ア**は「できる」の意味で、**イ**は「やらせる」の意味です。

**5** (1)「病は気から」という言葉があります。(2)「毛を吹き分けて、傷《きず》をさがす」から、他人のあらさがしをし、かえって自分の欠点をあらわにするという意味です。(3)しゃべることに対して、さえぎるのは戸です。(5)名声ですから、落ちるところは地です。

**6** (1)「要領」は「要点」の意味で「大事な点」となります。(2)「おくれ」は、人との関係を言っているので、「勝ち負け」になります。(3)「申し訳」には「ほんの少し」という意味があります。

# 6 熟語

## ステップ1 32〜33ページ

1 (1)カ (2)エ (3)オ (4)イ (5)イ (6)ア (7)ウ (8)エ (9)オ (10)ウ (11)ア (12)ウ (13)ウ (14)オ (15)キ

2 (1)和 (2)害 (3)苦 (4)北 (5)親 (6)低 (7)集 (8)買 (9)勝 (10)後

3 (1)火・家 (2)管・関 (3)両・良 (4)機・気 (5)始・子 (6)会・械 (2)・(3)以外は順《じゅん》不同《ふどう》

4 学習・回転(転回)・道路

5 事→進→歩→中→和

6 (1)ウ (2)オ (3)ア (4)エ (5)カ (6)イ

7 (1)馬耳東風《ばじとうふう》 (2)公明正大《こうめいせいだい》 (3)電光石火《でんこうせっか》 (4)有名無実《ゆうめいむじつ》

考え方

1 (1)「年」が二つなのでカです。(2)・(8)「不」「未《み》」「無」など打ち消しの語がついたものです。(3)「席に着く」で下から上の語へつなげるとわかります。

2 (1)「戦争《せんそう》」と「平和」。(2)「損得《そんとく》」と同じです。(7)「散《ち》る」の反対は「集める」ですから「集散」となります。(8)「ばいばい」と読みます。

3 (1)「家事」は家の中の仕事をすることです。(2)「機関」はしかけや組織《そしき》を意味します。「きかん」と読む熟語には他にも「期間」などがありますので、それぞれの意味とあわせて覚えるようにしましょう。(6)「機会」と「機械」のどちらを書くかという問題は今後もよく出てきます。

4 「学習」は「学ぶ」と「習う」ことです。「道路」はどちらの漢字も「みち」の意味です。「回転」もどちらの漢字も「まわる」という意味です。

5 ならべてみると、花火→火事→事実→実行→行進→進歩→歩道→道中→中和→和室となります。

6 (2)歌舞伎《かぶき》などで、主役の一番の見せ場から、きわめて大事な場面という意味になりました。

7 二字ずつ分けて考えます。

## ステップ2 34〜35ページ

1 (1)動機 (2)回転 (3)観光 (4)生産 (5)画家 (6)冷水 (7)街灯 (8)教訓 (9)副食 (10)勇気

2 (――線で消す漢字)(1)注位 (2)仕用 (3)正理 (4)新文 (5)位院 (6)買店

3 (1)ウ (2)ア (3)エ (4)イ (5)オ (6)カ

4 (1)○ (2)△ (3)× (4)△ (5)△ (6)× (7)○ (8)× (9)○ (10)× (11)○ (12)× (13)× (14)△ (15)○ (16)△

5 (1)下イ (2)上ウ (3)下ア (4)上エ

6 活用・合唱・反省・調節・差別・便利・試験・希望・観察・勝敗(順《じゅん》不同《ふどう》)

7 (1)ア・イ (2)ウ・ア (3)ア・ウ

8 (1)着(起) (2)達 (3)録 (4)放

考え方

1 熟語《じゅくご》のなりたちをよく考えてときます。

2 同じ読みの漢字に注意しましょう。

3 「願望《がんぼう》」は、「こうなってほしいと願い望む」の意味です。

4 (10)は、同じことがらのなかまであっても、同じ意味ではありません。注意しましょう。

5 (2)の文の意味が通るためには、「おたがいに仲良《なかよ》く心を合わせる」意味の言葉が入らなければなりません。

6 上の漢字一つ一つを下の漢字一つ一つと組み合わせて、熟語ができるか考えていきましょう。

7 (1)「予想」は「前もって想像《そうぞう》すること」で、「予定」の「前もって定めること」と意味が少しちがうので気をつけましょう。(2)「感働」という熟語はありません。「感動」と混同《こんどう》しないようにしましょう。「感心」は「関心」との使い分けがよく出題されます。

8 (1)物事を始めることを「着手」ということから、「着工」と考えます。

## ステップ3 1~3

36~37ページ

**1** (1)イ (2)ア (3)イ (4)ア

**2** (1)×・まして (2)○ (3)×・わざわざ (4)○ (5)×・いたるところに

**3** (1)手・ケ (2)鼻・ア (3)手・カ (4)首・エ (5)目・ク (6)顔・キ (7)鼻・オ (8)耳(目)・ウ (9)足・イ

**4** (1)衣類《いるい》(衣服) (2)科目(学科・教科) (3)野菜《やさい》

**5** (1)散 (2)着 (3)静 (4)直 (5)重 (6)他 (7)終 (8)外

**6** (1)平然《へいぜん》 (2)競争《きょうそう》 (3)向上 (4)高級

**7** (1)イ (2)エ (3)ウ

**8** (1)ウ (2)イ (3)オ

**考え方**

**2** 言葉の正しい使い方の問題です。言葉の意味をしっかりおさえて注意深く読み、考えましょう。(1)「まして」は、なおさら・いっそうという意味です。(3)「わざわざ」は特別《とくべつ》に何かをするときに使用します。(5)「いたるところにあり」はどこにでもあるということです。「ところどころ」や「ぽつんぽつん」とは反対になるので、しっかりと意味を読み取りましょう。

**3** 慣用句《かんようく》の問題です。人間の体の部分をとってつくられたものがたくさんあるので、その意味と使い方をよく覚《おぼ》えるようにしましょう。

**4** すべて同じなかまの言葉です。

**5** 反対語を組み合わせて熟語《じゅくご》を作る問題です。きちんと整理して覚え、熟語の読みも確認《かくにん》しましょう。

**6** 「きげん」は「起源、期限」などです。「しょうひ」は「消費」です。「はつめい」は「発明」です。「ようてん」は「要点」です。これら以外の同義語を選びます。

**7** (1)「章節」は長い文章の章や節、「小説」は文学の種類の一つ、「小節」は楽譜《がくふ》のたての線で区切られた部分となります。(2)イの「気管」と、ウの「器官《きかん》」の使い方のちがいもよく問われます。「器官」はからだの中にあっていろいろな働《はたら》きをするもののことで、「気管」は呼吸《こきゅう》をするときに空気が通る細長い管《くだ》のことです。「器官」の一つに「気管」があり、他には消化器官などがあります。(3)「起工」は工事を始めることです。

**8** (1)「明暗」は反対語の組み合わせです。ほかは、同じ意味の漢字の組み合わせです。(2)「急行」は「急いで行く」で、下の語を説明《せつめい》します。ほかは、下から上の語へつなげるとわかるものです。(3)「年長」は、下が述語《じゅつご》になるものです。ほかは、下の語を説明しています。

**ここに注意** **2** 文をよく読んで、ぎこちないところはないか、文の意味が正しくわかるかを考えます。

(1)「まして」は「なおさら」の意味だから、前に書かれていることと、あとに書かれていることのレベルを考えて判断《はんだん》します。

(3)「ついで」と「わざわざ」は、相反するものです。

(5)「ところどころ」「ぽつんぽつん」と「いたるところ」が相反します。

# 7 言葉の使い方

## ステップ1

38~39ページ

**1** (1)オ (2)カ (3)キ (4)ア (5)イ (6)コ (7)ク (8)ケ (9)ウ (10)エ

**2** (1)ア・イ・イ (2)ア

**3** (1)①ウ ②ア (2)①ウ ②ウ (3)①ア ②イ ③ウ

**考え方**

**1** ( )の前後のつながり方をよく考えます。内容《ないよう》が続く場合や、内容が反対になる場合を区別《くべつ》していきます。理由を説明《せつめい》している続き方もあります。

2 (1)「ほ乳」の言葉が前の文と後ろの文にあります。どう説明されているかを見れば続き方もわかります。

3 「それ」「これ」「その」「この」などは、すぐ前の部分をよく読むことです。もともと「こ」「そ」は近い距離《きょり》のことを指します。

## ステップ2　40〜41ページ

1 (1)オ　(2)ウ　(3)イ　(4)エ　(5)ア

2 ウ・イ・ア

3 (1)ここ　(2)そこ　(3)どれ　(4)どこ

4 (例《れい》)に・と・が・は・も・に・は・を・は・を

5 (1)×　(2)○　(3)×　(4)×

6 (例)①ですから　②けれども

7 (――線で消す言葉)(1)どちら　(2)あっち　(3)あちら　(4)そのかた

8 (1)ケ　(2)キ　(3)コ　(4)サ　(5)オ・ク　(6)エ　(7)イ

**考え方**

1 前のことがらとあとのことがらをつなぐには、どの言葉が適当《てきとう》か、一つ一つあてはめてみましょう。

2 全文をよく読んで、すじをつかみましょう。つなぎ言葉をあてはめる問題では、前後の文の内容をとらえ、どのような関係になっているかを考えると答えやすくなります。

3 場所を指す言葉は、近い順《じゅん》から「ここ、そこ、あそこ」です。決まっていないことがらを指す言葉は「どれ・どこ・どちら」などです。

4 文章全体を読み通して、その意味をつかむことが大切です。

5 ×の文に正しいつなぎ言葉を入れると、(1)だから→そのうえ、(3)しかし→だから、(4)そうして→けれども となります。

6 ①は前のことがらを原因《げんいん》として、その当然《とうぜん》の結果《けっか》があとにくることを表す言葉、②は前のことがらにつり合わない反対のことがらがあとにくることを表す言葉です。

7 指しているものが、人か場所か方角か、またそのものは近くにあるのか遠くにあるのか、その二点から考えましょう。

8 (7)「こそ」には言葉を強める働きがあります。

# 8 言葉の種類

## ステップ1　42〜43ページ

1 イ

2 (1)イ　(2)ア　(3)ウ

3 (1)エ　(2)ア　(3)ウ　(4)イ　(5)エ　(6)イ　(7)イ　(8)ア　(9)エ

4 (1)ア　(2)ウ　(3)イ　(4)ア　(5)ウ　(6)ウ　(7)ア　(8)イ

5 (1)ら・り・れ・る・っ　(2)かっ・い・く・けれ　(3)き・く・い・か・け・く・け

6 (1)子ねこが・います　(2)雪が・ふりました　(3)父は・出かけます　(4)空が・美しい

7 (1)えんがわで　(2)風とともに　(3)赤い・バラの・ひらひら　(4)風の・力で・遠くへ

**考え方**

1 「そうだ」には、そのように思われるの意味と、ほかから聞いたことを伝《つた》える意味があります。この区別《くべつ》をしておきます。

2 三つともくっつきの言葉(助詞)の「の」ですが、意味がちがうので注意します。

3 動詞と名詞、形容詞とそうでないものを区別します。(4)は指示語《しじご》です。語頭に注意します。(8)ア「高さ」には注意しましょう。「高い」であれば形容詞となりますが、「高さ」という使い方をするときは名詞になります。同様に「速さ」なども名詞になり、同じ種類《しゅるい》の言葉を選ぶような問題ではよく出てくるので気をつけましょう。

4 名詞は、物の名前やことがらの名を表し、動詞は、物の動きや働《はたら》きなどを表します。

また、形容詞は、物のせいしつや様子などを表します。

5 (1)・(3)は動詞、(2)は形容詞の形の変化《へんか》です。

6 「何は(が)」「どうする(どんなだ)」という形の文です。

7 まず、主語、述語《じゅつご》がどれか見つけます。そして、その主語、述語をくわしくしている言葉をすべてさがします。

**ここに注意** 4 動詞は、言い切りの形にしたとき、終わりの音が「ウ段《だん》の音」となります(例 折る・進む)。また形容詞は、言い切りの形にしたとき、終わりが「い」になります(例 苦しい・悲しい・きびしい)。どちらも述語になります。

## ステップ2 44〜45ページ

1 新聞(ア)・役目(ア)・日々(ア)・できごと(ア)・正しく(ウ)・速く(ウ)・伝える(イ)・大きい(ウ)・記事(ア)・見出し(ア)・本文(ア)・組み立て(イ)・世界(ア)・国内(ア)・問題(ア)・町(ア)・村(ア)・小さい(ウ)・ニュース(ア)・あつかい(イ)

2 (1)文章は・書いてあります
(2)わたしたちは・使います
(3)母は・やさしい
(4)弟は・あまえんぼうだ
(5)体は・できています
(6)研究が・続けられている

3 (1)カ (2)ア (3)ウ (4)エ

4 (1)①イ ②ア ③ウ ⑤エ
(2)A大雨が Bしょうとつしました
(3)(例《れい》)当時の海は
(4)(例)たん生しました
(5)(例)魚のようにたくさんの細ぼうをもった生物。

5 (1)エ (2)ウ

**考え方**

1 動詞や形容詞《けいようし》は、辞典《じてん》に出てくる言い切りの形に直して考えましょう。

2 文には「何が(は)どうする」「何が(は)どんなだ」「何が(は)何だ」という三つの決まった形があります。この「何が」の部分を主語といい、「どうする・どんなだ・何だ」の部分を述語《じゅつご》といいます。

3 (1)「今日」は、いつしてくれたのかを、(2)「わたしたちの」は、だれの学校かを、(3)「一ぴきの」は、魚の数を、(4)「世界の」は、どこの五大州かを、それぞれくわしく説明《せつめい》しています。

4 文の主語は「何か」「だれが」にあたる言葉を、述語は「どうする」「どうした」「どんなだ」にあたる言葉をそれぞれさがしましょう。

5 (1)「とたんに」は「急に、すぐに」という意味です。(2)「が」をさかいに二つの内容に分かれており、「まもなく」は前半部分の述語にかかります。

**ここに注意** 3 かざり言葉(修飾語《しゅうしょくご》)は、主語にも述語にもつながって、文をくわしくしたり、説明や意見をはっきりさせたりします。

例 かわいい 金魚が(主語)
無心に 泳いでいます。(述語)

こみいって、わかりにくい文では、主語と述語だけの文にしてみて、文のほね組みをはっきりさせましょう。そうすれば、かざり言葉のかかり方もよくわかります。

## ステップ3 1〜3 46〜47ページ

1 (1)君の時計
(2)台風が近づいていること
(3)目の前の鳥居
(4)ちょうが死んでいたところ
(5)岩が見えるところ

2 (1)このかた(こちら) (2)この(こんな)
(3)そちら (4)どちら

3 (1)ア (2)ウ (3)エ (4)イ

4 は・が・には・ので

5 ①エ ②ア ③ウ

**6**
(1)子ぎつねが・いました
(2)兵十は・思いこんでいるのです
(3)ごんは・子ぎつねだ
(4)ごんは・かわいそうだ
(5)ごんは・とどけた
(6)ごんは・知ります
(7)ごんは・こうかいしました
(8)うなぎは・はなれません

**7**
(1)そうに　(2)とも　(3)ような
(4)ください

**考え方**

**1** 指す言葉の代わりに、選んだ言葉を入れてみて、文の意味が通じるかどうか考えてみましょう。

**2** (1)や(4)は、人の代わりに使う言葉です。

**3** (4)では、前の文とあとの文の調子が変《か》わっていることに注意しましょう。

**4** 文章全体を読み通して、すじをつかむようにしましょう。

**5** 文と文との続《つづ》きぐあいを考えましょう。（①）の前後のように、文章の内容が反対の関係《かんけい》になっているときのつなぎ言葉は決めやすいです。選《せん》たくしが多い場合には、見分けやすいところからあてはめていきましょう。

**6** まず、文を一つ一つの文節《ぶんせつ》(言葉のかたまり)に分けます。そして、文のほねになっている部分(主語と述語)だけ取り出します。

**7** 決まった言い方なので、セットで覚《おぼ》えるようにします。「もし……たら」、「けっして……ない」などもあります。

**ここに注意** **4** この問題に出てきた言葉は「助詞《じょし》」といい、ほかの言葉について、ことがらとことがらの関係《かんけい》を示《しめ》したり、言葉と言葉をつないだり、意味をつけ加《くわ》えたり、また、文の終わりについて、話し手の気持ちを表したりします。特《とく》に、「雨がふるから」「寒いのに」「……になったが」のような助詞を「接続助詞《せつぞく》」といいます。前に勉強したつなぎ言葉(接続詞)と結びつけて覚《おぼ》えておきましょう。

## 9 かなづかい・符号

### ステップ1

48〜49ページ

**1**
(1)ア・ア　(2)イ・ア・イ・ア・イ
(3)ア・イ・イ・ア　(4)イ・イ・イ・ア
(5)ア・イ　(6)ア・イ・ア・ア
(7)イ・ア・ア・ア

**2**
(1)ア　(2)ア　(3)ア　(4)イ　(5)イ　(6)イ
(7)イ　(8)イ　(9)ア　(10)ア

**3**
(1)オ　(2)ウ　(3)ア　(4)イ　(5)エ

**4**
(1)おじいさんとおばあさんが、……散歩していました。
(2)学校に行き、……会社に行く。
(3)ああ、……景色でしょう。
(4)雨がふれば、……えんきだ。
(5)赤い花が、……さいた。
(6)おじさんは、……でした。
(7)目をとじたら、……うかんできた。
(8)先生は、……おこらない。
(9)見える空は、……ふり出しそうです。
(10)弟は、……追いかけました。

**考え方**

**1** 「オ」「ワ」「エ」と発音するものでも、「字を書く」「花はきれいだ」「市場へ行く」というような場合は、「を」「は」「へ」と書きます。

**3** いろいろな符号《ふごう》の問題です。しっかりと覚《おぼ》えて、使えるようにしましょう。

**4** 読点《とうてん》(、)は、意味の切れ目や、読みまちがえやすいところにつけます。

**ここに注意** **1** 「ジ」「ズ」と発音するものでも、二つの言葉が合わさってできている言葉(鼻血＝はなぢ・近々＝ちかぢか)や、同じかなが続《つづ》いている言葉(ちぢむ・つづく)は、「ぢ」「づ」と書きます。

**ここに注意** **3** 符号の使い方
(3)「　」…会話や、文中にほかの文や語句《ごく》を引用するとき。
(4)『　』…「　」の中に、ほかの文や語句を引用するとき。

(5)・…同じ種類《しゅるい》の言葉をならべてあげるとき。
・そのほかにも、ことわり書きや語句の注意、ト《と》書《が》きなどに使う（ ）（かっこ）などがあります。

**ステップ2** 50〜51ページ

1 (1)乗用車は、 (2)集めて、
(3)兵十が、(いどの所で、)
(4)お父さんの手には、
(5)雪がこいは、
(6)写真を見て、

2 (1)○ (2)× (3)× (4)× (5)○ (6)○

3 は・お・は・う・へ(に)・お・へ(に)・に

4 (1)ア・ア・イ・ア (2)ア・ア
(3)ア・イ

5 (1)ろうそく・本を・見えません・ま昼のように(順不同《じゅんふどう》)
(2)夜・消える・暗くて・明るく(順不同)

6 (1)きょうそう (2)ほうそう
(3)ろうどう (4)はっぴょう
(5)きぼう (6)りょうり
(7)おうさま (8)すいどう
(9)とけい (10)こうふく

7 (1)こんにちわ→こんにちは
(2)かたずけること→かたづけること

**考え方**

1 作文を書くときにも、必《かなら》ず、句点《くてん》・読点をつけるくせをつけましょう。つけ方にはきまりがありますが、教科書の文で、どんなところにつけてあるかをよく調べるとよいでしょう。

2 正しい符号《ふごう》のつけ方は、(2)「やあ、天気だね。」と、おじさんが言った。(3)ぼくは、とちゅうで、何度笑《わら》ったかしれない。(4)雨がやんで、日が照《て》り出した。となります。

3 「おとうと」「こおり」などの書き方に気をつけます。

5 (2)「明」は「あかるい」と読む場合は「るい」を送り、「あかり」と読む場合は「かり」を送ります。

7 どちらもみのがしやすいあやまりです。注意して見つけましょう。

# 10 文の種類

**ステップ1** 52〜53ページ

1 (1)人は (2)聞こえてきます
(3)聞いた (4)雨が (5)回り出す
(6)あいている (7)ふき出した

2 (1)わたしは、母といっしょに行きました。
(2)日本の人口は、年々ふえていく。
(3)はげしい戦いは、大勝利に終わった。
(4)長い長い時間がたった。
(5)せみは、小きざみに体をふるわせている。

3 (1)(右上から)庭に・きれいな・花が・さいた
(2)北極ぐまは・こおりの・上で・一年中・くらしている

4 (1)× (2)× (3)○ (4)○ (5)○ (6)○

5 (1)星のように (2)巨人のように
(3)みみずのはったような
(4)もみじのはっぱみたいだ
(5)春の日のように
(6)のこぎりの歯のような
(7)ゆめを見ているような
(8)山のように

6 (1)昨日、算数のわからないところを聞きましたか。
(2)町はネオンできれいですか。
(3)去年はスキーへ行きましたか。
(4)宿題をすませてから、遊びましたか。

**考え方**

1 (1)「あの」はすぐ下に続きます。(3)「おじいさんから」どうした、と考えると、「聞いた」です。(7)「ふいに」は「とつぜん」どうした、と考えると、「ふき出した」に続きます。

**2** まず、文の述語《じゅつご》を見つけ、それから主語をさがします。基本的《きほんてき》には、そのほかが、かざり言葉(修飾語《しゅうしょくご》)です。

**3** (1)主語は「花が」で、述語が「さいた」です。(2)「北極ぐまは」が主語で、「くらしている」が述語です。

**4** (1)は、昨日《きのう》のことなのに「遊ぶことにしました」と予定を表しているところがまちがい。(2)は、明日のことなのに「お天気がよかった」と過《す》ぎてしまったことのように表しているところがまちがい。

**5** 「のような(ように)」という表現《ひょうげん》を、「ひゆ」といいます。

**6** 「〜か」という言い方に直します。

## ステップ2　54〜55ページ

**1** (1)ア　(2)イ　(3)ア　(4)ア　(5)イ

**2** (1)ア・動詞　(2)ウ・名詞　(3)イ・形容詞　(4)ウ・名詞　(5)ア・動詞

**3** (1)○　(2)×　(3)○　(4)×　(5)×

**4** (1)お茶・めし上がってください
(2)お出かけですか
(3)まいりましょう
(4)お持ちかえりになってください

**5** (1)ア　(2)ウ　(3)オ　(4)イ　(5)エ　(6)ク　(7)カ　(8)キ

**6** (1)イ　(2)イ　(3)ア　(4)ア　(5)ア

**7** (1)どなた(どちら様)
(2)おられ(いらっしゃい・おいでになり)
(3)父
(4)うかがい(参《まい》り)
(5)行かれる(いらっしゃる)

### 考え方

**1** (3)「ああ」を感動詞といいます。(5)「〜(し)てください」という言い方になります。

**2** 主語と述語《じゅつご》だけを取り出し、その関係を考えましょう。

**3** ていねいな言い方をしているのが「敬体《けいたい》文」、ふつうの言い方をしているのが「常《じょう》体《たい》文」です。

**4** 文末《ぶんまつ》だけでなく「お」のつく言葉にも気をつけましょう。

**5** **6** (6)は、旅行記などがそうです。文のすじが通る表現《ひょうげん》になっているか考えましょう。

**7** (1)はていねい語、(2)・(5)はそん敬語、(4)はけんじょう語に直します。

### ここに注意　1 文の種類《しゅるい》

①**平叙文《へいじょ》**…ふつうの言い方の文。
例 ぼくは、四年生です。

②**疑問文《ぎもん》**…文の終わりが「〜ですか」となる文。
例 あなたはだれですか。

③**命令文《めいれい》**…命令や禁止《きんし》したりする文。
例 早く行け。書くな。すぐ来い。

④**感動文**…感動した気持ちを表す文。
例 まあ、きれい。ああ、いやだなあ。

## ステップ3　1〜3　56〜57ページ

**1** (1)はなぢ　(2)おとうさん

**2** (1)やあ、ひさしぶりだけど、元気かい
(2)雨が上がり、青空に日がさしてきた。
(3)『ごんぎつね』という本を読みます。
(4)母は、わたしに「早くねなさい」と言った。
(5)よし、決めた。きょうからはやおきをしよう。
(6)「入るなキケン」とはっきり書かれている。
(7)何ということだ。今までで最高の点数だ。
(8)はい、この絵は、兄がかきました。
(9)「病院はいやだ。」弟はそう言ってなきだした。
(10)カニ・エビなどのアレルギーがある。

**3** (1)めいれい　(2)のうぎょう　(3)ようこう　(4)せいき　(5)へいめん　(6)いちれい　(7)ゆうぼう　(8)こうてい　(9)けってい　(10)せいよう

**4** (1)兄は何度も何度も弟にたずねた。

(2)うちでかっている犬はとてもおとなしい。
(3)なつかしい思い出は、写真におさめている。
(4)わたしのノートは、テーブルの上にあります。
(5)お別れの日、ともだちは大きく手をふった。
(6)あの有名な画家は、花の絵をかき続けている。
(7)毎日の運動のおかげで、どんどん体重が落ちた。
(8)朝になると、水の面に明るい日がさしこむ。
(9)道を走る車は、少しずつスピードを上げた。
(10)にぎやかな町なので、夜でも人通りが多い。

**5** (1)(右上から)日本は・広大な・海に・かこまれている
(2)一番上の・兄は・おそくまで・入試のために・勉強している

**6** (1)(例《れい》)これは先月、図書館で借りてきた本ですか。
(2)(例)先に来た人から、急いで席に着きなさい。

**7** (1)(例)し
(2)(例)うかがいたい (3)〇
(4)(例)なのですか
(5)〇

**考え方**

**1** (1)「ジ」と発音するものでも、二つの言葉が合わさってできている言葉(鼻＋血)なので、「ぢ」と書きます。

**2** 『　』は、本などのタイトルにつけることもあります。

**4** まず、文の述語を見つけ、それから主語をさがします。その他のかざり言葉(修飾語《しゅうしょくご》)が、どの言葉とむすびついているかもおさえておきましょう。

**5** (1)主語は「日本は」で、述語が「かこまれている」です。(2)主語は「兄は」で、述語が「勉強している」です。

**6** (1)たずねる文は、文の最後が「〜か。」という形になるように書き直しましょう。

**7** (1)は敬語を用いない言い方、(4)はていねい語、(2)はけんじょう語に直します。

# 11 物語を読む ①

## ステップ1 58〜59ページ

**1** (1)四年生 (2)ウ
(3)(例)両わきの子が走り出したこと。
(4)ア (5)けんじ・お母ちゃん (6)イ
(7)ア

**考え方**

**1** 短きょり走が苦手な「のぶよ」の気持ちの動きを、すじを追って読みます。物語の前のほうで、母親が仕事で見にくるのがおくれたから、弟が少しすねていた場面があるのですが、ここでは、のぶよの走る気持ちに焦点《しょうてん》をあてています。「ふいに」とあるように、母と弟のかけ声で、のぶよの気持ちが一転します。そのことで「きみがラスト」の声さえも、「ほこらしく」聞こえたのです。人と人とのコミュニケーションのあり方を問う思いが、作者にあることを読み取ります。

## ステップ2 60〜61ページ

**1** (1)①まうえ ②て ③学芸会 ④野球 ⑤きみ ⑥なまいき
(2)(例《れい》)ろう石なんか買いに行かなければ、今ごろ野球ができていたのにという気持ち。
(3)(例)(どうした)とかげのいる石にろう石を投げた。
(どうなった)ろう石がとかげに当たり、とかげはしっぽを切ってにげた。
(4)ア (5)ウ

考え方

① 「ぼく」はろう石を買いに行ったときに、ある事情《じじょう》で自転車をなくしたあとで、原っぱに来ている場面です。そして、ろう石やとかげに、もやもやした気持ちをぶつけています。(3)「どうなったか」については、ろう石がとかげに当たったという部分だけでなく、その後とかげがどのような様子でいるかまで文章から読み取って答えるようにしましょう。

**ここに注意** あらすじの組み立て

①きっかけ…どんなことがらから話が始まっているかを示《しめ》す部分。
②展開《てんかい》…話が大きく広がっていく部分。
③中心…話のやまといわれ、話の中心になる部分。
④結末《けつまつ》…話の終わりの部分。

# 12 物語を読む ②

## ステップ1 62～63ページ

① (1)死んでしまった。 (2)ウ
(3)ひまわり (4)ア

考え方

① 「おじいちゃんの麦わらぼうし」にこめられたおばあちゃんの思いや、ひまわりに「おじいちゃん」をだぶらせている「ぼく」の思いを読み取ります。また、ひまわり畑でおじいちゃんのまぼろしを見る場面を思いえがきながら味わってみましょう。

## ステップ2 64～65ページ

① (1)あわてて
(2)(例《れい》)母親の、工場へ働きに行くしたくや家事で、朝からいそがしく動きまわる様子。
(3)ウ (4)手
(5)(例)①バスに乗らず、学校まで歩いて行くこと。
②楽をすればするほど、自分の存在が減《へ》っていくような気がしたから。

考え方

① 「二人(父母)とも、どんなに忙《いそが》しくとも『手伝《てつだ》え』とは言わなかった。」とあります。この関係《かんけい》が、修《おさむ》の気持ちを支配《しはい》しています。それを軸《じく》に読んでいくと、修の行動がはっきりわかります。(2)「空気をかきまわしている」はたとえ表現(比ゆ)であり、どのような様子かをイメージしやすくするために他のことにたとえる表現になります。ここでは、——線部②の前後から、母親のあわただしい動きをたとえていることをとらえましょう。(5)②なぜ今の状況《じょうきょう》から自分を追い出す必要《ひつよう》があったのかについて、修の行動につながる心情《しんじょう》をとらえましょう。

# 13 伝記を読む

## ステップ1 66～67ページ

① (1)ウ
(2)(例)東京の学生たちの登山のガイドをした。
(3)(例)山は一面、固い氷と雪におおわれていたから。
(4)(例)冬の剣岳に初《はつ》登頂すること。
(5)(例)全員がそうなんしてしまうこと。
(6)(例)強く言い聞かせる
(7)ウ

考え方

① いつの時代に、だれが、どのようなことをしたのかを特定します。そして、その人物が、どのような点ですばらしいかを読み取るようにしましょう。この文章は、光次郎《こうじろう》が山の案内人として一躍《いちやく》有名になる場面です。(4)第一段落《だんらく》の内容《ないよう》だけで判断《はんだん》しないように注意して、最終段落《さいしゅうだんらく》の内容とあわせて答えるようにしましょう。

## ステップ2 68～69ページ

① (1)(例《れい》)船で地球の南半球を一周した経《けい》験《けん》があったから。
(2)ほんのすこしの変化《へんか》 (3)イ (4)ウ

② (1)(例)綿《めん》の織《お》りものの原料をインドか

らもってきていたこと。
(例)インドの自然《しぜん》から取れる塩《しお》に税金《ぜいきん》がかけられていたこと。
(2)マハトマ・ガンジー

❸ (1)(例)ひとに身分の差《さ》をつける(社会)
(2)ア
(3)(例)家がらでひとをはんだんするような(やり方)

**考え方**

❶ダーウィンの「進化論《ろん》」について書いた本文の内容《ないよう》を正確《せいかく》に読み取ることを心がけましょう。

❷ガンジーが生きた時代の国の様子について書かれています。ガンジーが人々からどう見られていたのかを読み取りましょう。

❸事実を述《の》べている部分と、意見を述べている部分とを区別《くべつ》して読みましょう。

**ここに注意** ❸話のすじのつながり合いを「文脈《ぶんみゃく》」と言います。その文脈を読み取るには、「文章の話題」や、ことがらの配列のしかたに注意して読むことです。そして、意味のわからない言葉は、文脈にあてはめて、前後の関係《かんけい》からその意味を想像《そうぞう》して読み進めましょう。
「家がらで人をはんだんするようなやり方」＝「まちがった社会」という図式から、それを変えることが福沢諭吉《ふくざわゆきち》の考えであったことをつかみましょう。

## 14 脚本を読む

### ステップ1 70～71ページ

❶ (1)ア・イ・エ・ク
(2)(例)話を進めている。
(3)ふえふき
(4)ねずみは、かってに川へ飛びこんで、おぼれ死んだのだ。
(5)(例)ふえふきにつれていかれたから。

❷ (1)・(2)・6・3・5・(7)・4・9・(8)

**考え方**

❶「げき」は、実際《じっさい》の人の動きを見て、楽しむ世界です。そのための脚本なので、文字で伝《つた》えるのではなく、動きや話し言葉で伝えられるように、すじや場面がはっきりわかるものが取り上げられます。ここでは、市長や役人の策略《さくりゃく》が、話の軸《じく》です。「やくそくは守らなければならない」という教訓《きょうくん》のようなものがふくまれているので、そのことをふまえて読み取ります。

❷ト書《とが》きやせりふのやりとりから、場面を想《そう》像《ぞう》したり、事件《じけん》の展開《てんかい》をとらえましょう。

### ステップ2 72～73ページ

❶ (1)くも
(2)ウ
(3)くもの巣《す》
(4)エ

❷ (1)①カサノバ ②カール ③カール ④カサノバ
(2)㋐カール ㋑カサノバ
(3)動物を買うため。

**考え方**

❶(2)せりふは、そのときの情景《じょうけい》、相手との関《かん》係《けい》などを考えながら、人物の気持ちがうまく表現《ひょうげん》できるよう、声の出し方や間《ま》のおき方に注意して言うようにしなければなりません。

❷ラジオドラマの脚本は、聞く人に、場面や人物の動作・感情などの動きを想像《そうぞう》させるように、「音」や「鳴き声」が、せりふの間にうまくおりこまれています。それらを通して、人物の気持ち、動作などを考えましょう。

## 15 詩を読む

### ステップ1 74～75ページ

❶ (1)ウ
(2)(例《れい》)はじめて小鳥がとぼうとするから。
(3)はじめて小鳥がじょうずにとんだとき。
(4)ウ

❷ (1)3(連《れん》)・4(連)
(2)(例)花は上向きに咲《さ》くものだということ。
(3)(例)梅《うめ》の木には下向きの花が多いこと。
(4)梅の香《かお》り　(5)ウ

**考え方**

❶ 小鳥がはじめてとぶという感動を読み取ることになりますが、ここでは、小鳥がはじめてとぶことに対するまわりのやさしい気持ちに、重点がおかれています。

❷ 梅の木が周囲《しゅうい》の生きものにやさしく語りかけるという作者の表現《ひょうげん》を読み取ります。梅の香りを「手紙」にたとえていることもおさえましょう。

## ステップ2　76～77ページ

❶ (1)ウ　(2)(例)チューリップグラス
(3)ウ　(4)イ　(5)ア

❷ (1)(二つ目)「まぶしい光……
(三つ目)「空は……
(2)まぶしい光のはねっかえし。
(3)イ
(4)跳《と》びあがったりもぐったり(しての鬼《おに》ごっこだ。)
(5)イ　(6)ア

**考え方**

❶ 作者の立場になったつもりで、詩の情景《じょうけい》を思いうかべ、言葉の使い方や、詩にうたわれている内容《ないよう》を読み取って、そのときの作者の気持ちを想像《そうぞう》してみることが大切です。

❷ 詩は、作者が感動したことがらを、短い言葉でいい表したものですから、一つ一つの言葉の意味を正しく読み取り、それぞれの言葉に、作者のどんな気持ちがこめられているのかを考えましょう。(2)詩の中では「対句《ついく》」表現《ひょうげん》はよく使われ、問題でも問われることが多いです。「対句」とは組み立てが同じで、意味が対になっていることを指します。(6)最後《さいご》の行だけを見て考えるとひっかかってしまいます。天まで見通せそうなほどの青空を近くに感じ、そこから放たれるまぶしい光を浴《あ》びてすがすがしい気持ちになっていることを、雪の結《けっ》しょうの様子をえがくことで強調しています。

## 1～3 ステップ3 ❶　78～79ページ

❶ (1)(例)みゆきを心配してあせる様子。
(2)イ
(3)(例)妹が穏《おだ》やかに眠《ねむ》っているから。

❷ (1)曲をつくることを神さまへのささげものだと思っていたから
(2)・(例)うちゅうをつくった。
・(例)生命の母となった。
・(例)人間をこの世に生みだした。
(3)(例)生きていることを神に感謝したいという思い。

❸ (1)秋　(2)かけのぼる　(3)ア

**考え方**

❶ 人物の気持ちや様子が書かれている部分に注目して考えましょう。

❷ (1)理由を表す「～から」という言葉に着目しましょう。(3)「どんな思い」と聞かれているので、「～という思い。」という形で文をむすびましょう。

❸ 非常に短い表現でも、このようにあざやかで、するどい表現があるということです。「つるべ落とし」は、秋の風景です。夏の日の光とは、またちがうものです。(3)詩の題名や内容から、夕日がさしているときの光景《こうけい》をえがいていること、詩自体も簡潔《かんけつ》(簡単《かんたん》で要点《ようてん》がわかりやすいこと)に表現《ひょうげん》されていることをふまえて判断《はんだん》します。イは「明るくえがいた表現」、ウは「風景《ふうけい》の変化」、エは「みずみずしく、さわやか」という部分が適当《てきとう》でないことを読み取ります。

## 1～3 ステップ3 ❷　80～81ページ

❶ (1)(例)大雨でカヤ原の様子が変わりはてていたから。

(2)イ・オ
(3)①白いテープ
②(例)巣がいたんでおらず、中にいる子カヤたちが無事であること。(二十八字)

考え方

1 真希《まき》とサヨさんは、大雨と工事で変わりはてたカヤ原を見て、がっかりしますが、そのあと「白いテープ」を見つけたことをきっかけに巣《す》が無事《ぶじ》だったことに気づきます。場面のてん開と人物の気持ちの変化《へんか》に着目して読みましょう。(1)問いの内容からもヒントをつかむことができます。「ため息をつく」は、心配したり、こまったりしたときに使う表現《ひょうげん》です。(3)②「目がかがやく」という表現は、何かうれしいことがあったときなどに使います。サヨさんが喜《よろこ》んでいることはどんなことかをつかみ、字数に気をつけてまとめましょう。

## 16 説明文を読む

### ステップ1 82〜83ページ

1 (1)①ウ ③ア ⑤イ
(2)㋐船や車を動かすこと
㋑ろくろという機械《きかい》
(3)ウ
(4)鉄を削《けず》る機械や刃物《はもの》をつくること。
(5)技術《ぎじゅつ》 (6)8

考え方

1 (4)「知恵と技を発達させ」たことの具体例が8・9段落《だんらく》に書かれています。9段落の最後の一文に注目しましょう。(5)「発達《はったつ》」という言葉に着目して、7段落《だんらく》の中からさがします。(6)問題の文は、8段落の内容に関係《かんけい》しています。9段落初《はじ》めの「それ」が問題の文の内容を指していることに注目しましょう。

### ステップ2 84〜85ページ

1 (1)エ
(2)①エ・カ ②ア・ウ ③イ・オ
(3)5
(4)①ア ②イ ③ウ ④ア ⑤イ
(5)イ
(6)(例《れい》)太陽をめじるしにして、方向をきめる力。

考え方

1 (1)段落《だんらく》ごとの文章の役わりを考えます。1で話題、2〜5で具体例の説明《せつめい》、6で問題の提起《ていき》、7・8で考察《こうさつ》、9で結論《けつろん》、という構成《こうせい》です。(6)説明文では、筆者の問いかけに対する答えや考えはそれよりあとに書かれていることが多いです。問いかけの内容をつかんで、あとの文章中から答えをさがしましょう。

## 17 観察文・記録文を読む

### ステップ1 86〜87ページ

1 (1)じがばち (2)イ (3)イ
(4)(例)父の言葉になっとくしたから。
(5)終わり・じがばちを放してやったから。

2 (1)セミのよう虫
(2)・大きく曲がった前足をゆっくり動かしている。
・体全体が茶色で、やわらかである。
・目・しょっ角・管《くだ》になっている口が、はっきりわかる。
・足が六本そろっている。
・はらには、横にしまのようなもようがある。
・はねは、小さくて、耳のような形をしている。

3 (1)つかれたの
(2)(例)花が開く様子
(3)(例)葉に六つある切れこみの上の方から。
(4)無数のおしべ

考え方

❶ 何について、どんな目的《もくてき》で、どんな順序《じゅんじょ》で書かれているかを読み取りましょう。

❸ 「写生」とは、事物《じぶつ》をありのままに絵などに写し取ることであり、スケッチと同じような意味です。言葉の意味がわからない場合でも、文章中の他の表現《ひょうげん》などからおよその意味をつかむことができます。

## ステップ2

88〜89ページ

❶ (1)水が0℃になったらすぐこおるのか、どんなにしてこおるのかわからなかったから。

(2)(右から)5・2・1・4・3・6

❷ (1)①ア ②エ ③ウ

(2)(例)ふろにちょうどいいくらい水がたまったかどうかを知る方法《ほうほう》。

(3)(例)ふろ場からはなれていたり、ラジオやテレビがかけてあったり、戸がしまっていたりすると、よくわからない。

(4)(例)二十分でちょうどよいときと、二十分でも足りなかったり、多すぎたりするときがある。

考え方

❶ 細かい点に注意して読み取る問題です。事実・意見など、ことがらの配列に注意して読んでいきましょう。(1)自分自身に置《お》きかえて考えてみるとイメージしやすくなります。自分が実験《じっけん》をしてみようと思うときはどのようなときか。そういった点から答えをみちびくことも一つの方法になります。

❷ 「まず」「次に」などの順序《じゅんじょ》を表す語句《ご》に注意しながら正確《せいかく》に文章を読み取ります。(3)問題文からもヒントを得ることができます。「不便なこと＝困《こま》ること」ととらえて、どのようなことに困っているのかを本文から読み取りましょう。

# 18 日記・手紙を読む

## ステップ1

90〜91ページ

❶ (1)①オ ②ア ③イ ④エ (2)ア・エ

(3)(例《れい》)(一番目)かぜをひいて、起きるのがつらかった。

(二番目)サッカーをして、勝った。

(三番目)児童会の選挙があった。

(4)とてもユーモアがあり、スポーツがとくいで、みんなが助け合う学校にしたいと言ったから。

❷ (1)田中光一(が)老人《ろうじん》ホームのみな様(に出した手紙)

(2)令和《れいわ》元年五月十六日

(3)(例)①相手の様子をたずねる・自分のしょうかい・お礼の言葉 ②心に残《のこ》ったこと・感しゃの気持ち ③相手へのあいさつ

(4)(例)見学させていただいたことへのお礼の気持ち。 (5)イ

考え方

❶ 日記では、ありのままを正直に、要点《ようてん》をもらさずに書きます。月日・曜日・天気・気温・時間・人・場所を正確《せいかく》に書くようにしましょう。また、一日の中で感じたことや考えたことなども書いておくと、ものの見方・考え方を深めることに役立ちます。

❷ お礼の手紙を書くときの大事な点が、すべて書かれています。基本的《きほんてき》なことを覚《おぼ》えておきましょう。

**ここに注意** 手紙の書き方

①前文…初《はじ》めのあいさつ
㋐季節《きせつ》のあいさつ…「ようやく春めいてきました。」

㋑相手の様子をたずねる…「お変《か》わりありませんか。」

㋒こちらの様子を知らせる…「わたしは元気です。」

㋓お礼(おわび)…「先日はありがとうございました(申しわけございませんでした)。」
②本文…中心になることがら(わかりやすく、はっきり書く)
③末文…終わりのあいさつ
④後づけ…日づけ・自分の名前・相手の名前

## ステップ2 92〜93ページ

**1** (1)ウ
(2)体もからも茶色の・四、黒い・四
(3)㋐えさ ㋑黒い ㋒茶色・緑色 ㋓二ミリ・こげ茶色 ㋔にんじん

**2** (1)[2]まだ→(例)もう
[3]しどうし→しどおし
(2)①ウ ②エ ③オ ④イ
(3)㋐のぎへん ㋑れんが(れっか)
(4)⑤おっしゃったので(言われたので)
⑥うかがいます(参《まい》ります)
(5)中学校に入ってからも野球を続けること

**考え方**

**1** これは、生き物を育て、その一日一日の成《せい》長《ちょう》のしかたを観察《かんさつ》して記録《きろく》した日記です。事実と意見・感想をはっきり区別《くべつ》して、正しく読み取りましょう。

**2** 手紙は、おたがいの関係《かんけい》によって、書き方もいくぶん変《か》わってきますが、相手に対して失礼《しつれい》にならないようにします。用件《ようけん》は、わかりやすくはっきりと書きます。特《とく》に、目上の人に対する敬語《けいご》の使い方には、十分注意しましょう。

## 1〜3 ステップ3① 94〜95ページ

**1** (1)イ
(2)㋐蚊ばしらを作ること ㋑同じ場所
(3)イ

**2** (1)①エ ②ア ③オ
(2)たびたびふろの中をのぞかなくてもよい点。
(3)まだか、まだかと電灯に気をつけていなければならないし、電灯の見えない所にいては役に立たない点。
(4)電灯の代わりにベルを取りつけようと思っている。
(5)ベルの勉強をしようと思っている。

**3** (1)ウ
(2)(例)ひかり中学校の図書室で、十月四日金曜日に詩のろう読会を開くこと。

**考え方**

**1** 「中心語句《ごく》」に注意して、「何」について、どんなことを説明《せつめい》しているかを考えるとともに、「指示語《しじご》(こそあど言葉)」に注意しながら、細かい点を読み取りましょう。

**2** この文章は、すじみち立っていて、作者の考えがはっきりと表されています。どんな順序《じゅんじょ》で、何が述《の》べられているか、一つ一つ正確《せいかく》に読み取りましょう。

**ここに注意** **1**(3)のような作者の感想は、文章中に書かれてはいませんが、文章全体から読み取ることが大切です。

## 1〜3 ステップ3② 96〜97ページ

**1** (1)ウ (2)ア
(3)㋐安い ㋑安心・安全でおいしい

**考え方**

**1** 現状として、スーパーの売り場で見るさけは、筆者《ひっしゃ》の言うとおり、「チリ産」が主流です。北海道産はやはり倍ぐらいの値段《ねだん》がついています。本文でくり返されている「安い」と「安心・安全」「おいしい」のキーワードに着目して読み取ります。筆者は、食品に対する「判断《はんだん》力」、あるいは「食べ物」に対する感じ方を問題にしています。(1)——線部①の直前のつなぎ言葉に注目しましょう。「だから」はその前の内《な》容《よう》が理由となり、結果《けっか》や結論《けつろん》をみちびく働きになることをヒントに考えましょう。(2)——線部②の直後から、チリという外国のサケの話が始まっていますので、この段落《だんらく》の内容《ないよう》に注目しましょう。

# 19 文章の読み取り方 ①

98〜99ページ

## ステップ1

1 (1)①イ　②ウ
(2)草本性《そうほんせい》

2 (第二段落《だんらく》)だから、見
(第三段落)見えないけ

3 (1)また、水は
(2)ア

**考え方**

1 書かれている文章の内容《ないよう》を、段落ごとにていねいに読み取りましょう。そのすがたや音を思いえがいてみるとよくわかります。

2 どんなことが説明《せつめい》してあるかで考えましょう。段落《だんらく》に分ける問題では、話題が変わるところの他に、つなぎ言葉にも注目しましょう。第二段落の初めとなる「だから」は、ここでは「見えない部分にこそ…」という前の内容を理由として、そのあとで理科についての話に話題を変える働《はたら》きをしています。

## ステップ2

100〜101ページ

1 (1)
なやむことはない
＞
日ざしの強い日には
…
風をおくる
＞
自生する山菜の…
とっくにすがたを…
＞
蕗よ
(2)ア

2 (1)②初めに、運　③「水をもう　④むちゅうで

3 (1)エ
(2)(例)太陽の表面がとてつもなく高温度になっていること。
(3)太陽・吸収

**考え方**

1 詩では、一つのまとまりを「連」といいます。心にとまったことのうつり変《か》わりで、連ごとにまとめることができます。

2 場面・時間・気持ちの流れに注意しましょう。これらの細かい変化《へんか》に気をつけて読むと、①〜④のまとまりがはっきりしてきます。

3 (3)文章の要点《ようてん》を落とさず、順序《じゅんじょ》よくあてはめてみましょう。

**ここに注意**
2 一字下げて書かれているまとまりを「形式段落《だんらく》」、①〜④のように内容ごとに分けるまとまりを「意味段落」といいます。意味段落は、一つ以上の形式段落でできています。

# 20 文章の読み取り方 ②

102〜103ページ

## ステップ1

1 (1)(右から)4・3・1・2
(2)イ　(3)ア

2 (1)(例《れい》)一分スピーチ
(2)ウ
(3)いいたいこと
(4)なぜそう考えたか・なぜそれがだいじか
(5)ア

**考え方**

1 (1)起こったことがらが時間的《じかんてき》な順序《じゅんじょ》にしたがって書かれているので、一つ一つていねいに確認《かくにん》して答えましょう。

## ステップ2

104〜105ページ

1 (1)2
(2)庭の植木が元気づいてきたから
(3)雨がふり続いていること。

2 (1)絵の天才
(2)ひとの心にエネルギーをあたえる絵
(3)ア

3 (1)(例)お母さんに、きょうもプールへいくというため。
(2)ア
(3)(例)大山道《おおやまみち》が自分の言いなりになる

ということ。

(4)ウ

**考え方**

1 事実や例と、筆者《ひっしゃ》の感想・意見とを区別《くべつ》して読み、それぞれの要点《ようてん》をつかみましょう。

3 登場人物の気持ちやできごとについて書かれている部分に注意して考えましょう。(3)こそあど言葉は前の内容を指すことが多いですが、この問題では「お母さんが」という形で答えないよう気をつけましょう。(4)「おべっか」は目上の人のごきげんをとること、「口ごたえ」は目上の人に言い返すことを意味します。

**ここに注意** 1「このように」というつなぎ言葉は、それまで述《の》べてきた内容《ないよう》をまとめる働《はたら》きがあります。ですから、このつなぎ言葉から始まる文が、筆者の考えをまとめて述べている文といえます。

## 1〜3 ステップ3 106〜107ページ

1 (1)イ

(2)(例)仲間《なかま》のために警戒《けいかい》音を発すること。

・餌《えさ》を見つけた合図をおこなうこと。

(3)①・グルーミング

お互《たが》いの毛づくろいをする(こと。)

・コンタクト・コール

お互いの位置《いち》を教えあう(こと。)

②お互いが仲良くなるため

**考え方**

(2)――線部③の直前のつなぎ言葉に注目しましょう。「つまり」はその前の内容《ないよう》をまとめ、言いかえる働《はたら》きになることをヒントに考えましょう。(3)①コンタクト・コールの行動について、「特定の相手との音声の呼び交わし」ということも書かれていますが、「〜こと。」につながる形でぬき出す必要《ひつよう》があることに注意して考えましょう。

# 21 文章を書く①

## ステップ1 108〜109ページ

1 (1)ア・オ (2)ウ (3)エ・カ (4)キ (5)イ

2 (1)①イ ②エ

(2)(まとめ)特定《とくてい》の星を見つける方法《ほうほう》

(例)火星や金星・シリウス

3 (1)ウ (2)ア (3)六 (4)二回

4 (例)(1)五時間目に、運動場で行います

(2)Aチーム対Cチーム

(3)Bチーム対、AチームかCチームの勝ったほうのチームです

**考え方**

2 (2)「まとめ」→「例二つ」という順《じゅん》に文章が作られていることに気づきます。

3 (3)一段落目をていねいに読んで、数を数えましょう。

4 伝《つた》えることがらをもらさず、わかりやすく伝えられるように書きましょう。(1)答えを「五時間目」とだけにしてしまわないよう気をつけましょう。ことがらを整理して書く問題では、与えられたメモの内容《ないよう》をしっかりとたしかめるようにしましょう。

## ステップ2 110〜111ページ

1 (1)①ウ ②ア ③ア

(2)子ぎつねはあたえる食べ物はいっこうに食べないのに、死にもせず、育っていきます。

(3)秋田犬のほえる声がしたとき。

(4)犬は昼の間つながれているということ。

2 (例《れい》)(1)ジャガイモの葉はこいみどり色で、大きく、たくさんしげっている。また、くきは太くてしっかりしている。

(2)白くて大きな新しいジャガイモが、たくさんできている。

3 (1)移っていきました。

(2)……読みました。「中学生に……

(3)①イ ②オ

**考え方**

1 こそあど言葉が指す内容《ないよう》は、すぐ前の文にあることが多いです。

2 観察記録《きろく》なので、わかりやすく、かんけつに書きましょう。

3 事実を時間的《じかんてき》な順序《じゅんじょ》にしたがってならべてあります。

## 22 文章を書く②

### ステップ1 112〜113ページ

1 ウ

2 (1)ア

(2)(例)かっこうは、もずの親鳥がるすのとき、もずの巣《す》のたまごの間に、自分のたまごを産《う》みおとし、もずがかっこうのひなを育てる。

3 (1)イ (2)エ

4 (1)なぜなら・しかし・つまり

(2)フランス(例)レジの店員がイスに座《すわ》ったまま働《はたら》いている。

日本(例)レジの人が立ちっぱなし。

(3)(線を引くところ)その土地の人々の考え方の多様性から、習慣《しゅうかん》がちがってくる

**考え方**

1 最初《さいしょ》に「かくれ家を作ったのは、三月の終わりの日曜日」とあるように、かくれ家を作ったことが、中心になっていることです。つまり、指を切ったことやおばさんの話はそれをおぎなっている内容《ないよう》になります。

2 大事な言葉はくり返し使われています。また、要点《ようてん》をわかりやすくするために、説明《せつめい》をつけ加《くわ》えている部分が会話文であることから、書きたかったことは何か考えましょう。

3 要点は多くの場合、文章の初《はじ》めか終わりの部分に書かれます。くり返し使われている言葉に注意して、初めの部分をよく読んでみましょう。

4 前半部分と後半部分で反対の事実が述《の》べられています。それぞれの中心点を考えましょう。

### ステップ2 114〜115ページ

1 (1)イ

(2)(例)けちな根性で自分が建築《けんちく》をやろうとしていたことに気がついたから。

2 (1)①ちかづいてくる ②動いた ③した

(2)㋐ウ ㋑イ ㋒ア

(3)(例)翔《しょう》が追いあげてきたのに気づいたから。

(4)(例)ぎょっとした顔をした。

(5)(例)輝樹《てるき》が動揺《どうよう》しているとわかったから。

3 (1)(例)とても見に行きたい気持ちを、自分が走ったとは言わずに、「足は」と「足」を主語にして表現《ひょうげん》しているところ。

(2)ウ

(3)(例)ヒメダカのたまご

**考え方**

1 米山の発言に対する金之助の気持ちを述べた部分に着目しましょう。

2 この文章は「翔」と「輝樹」が競走《きょうそう》している場面をえがいたものです。「翔」の立場から、「翔」の気持ちや「輝樹」の様子が書かれていることに着目しましょう。

3 (1)「擬人法《ぎじんほう》を使っている」と答えてしまわないように気をつけましょう。なぜ――線部のような表現《ひょうげん》を使っているのか、前後の内容《ないよう》をヒントにしながら考えてみましょう。

(3)話の中心を読み取る問題です。何についての文章か考えましょう。

**ここに注意** 3 作者の中心的な考えのことを、文学的な文章では「主題」、説明《せつめい》的な文章では「主張《しゅちょう》」といいます。主題や主張を読み取るには、まず話題に注意して、次にその話題で作者・筆者が、結局《けっきょく》何を言おうとしているのかを考えましょう。

# 23 文章を書く③

## ステップ1

116～117ページ

❶ (右から)2・5・1・3・4

❷ (1)①1・2　②3・4　③5・6

④7

(2)①四　②二

❸ (1)ウ

(2)文章を上手に書くコツ

(3)①(例《れい》)文章を上手に書くにはいくつかのコツがある。

②(例)文章の中で同じ言葉を二回以上使わない。

③(例)言葉の言いかえができると文章に深みが増《ま》すので、日ごろからたくさんの言葉を知っておくとよい。

**考え方**

❷ (1)行をかえて、内容《ないよう》を読まなくても形のうえから分かれていることがわかる段落のことを**形式段落《だんらく》**といいます。いくつかの形式段落が集まってできた大きな意味のまとまりを**意味段落**といいます。段落のそれぞれの役目を考えて、意味段落に分けましょう。

❸ 文章は、話題・具体例《ぐたいれい》・結論《けつろん》という三つの形式で段落が区切られていることが多くあります。具体例は、話をわかりやすくするために書かれます。(3)まずはしっかりと段《だん》落《らく》分けをすることが大切です。第二段落は「そのひとつは〜」、第三段落は「このように、〜」となります。その上で、それぞれの段落で中心となる文をさがしましょう。

## ステップ2

118～119ページ

❶ (1)(第二段落)それまで自分

(第三段落)そうすると、

(2)経験的《けいけんてき》に知っていたこと・新しく教えてもらったこと

(3)②世界の見え方が変《か》わること

③いろいろなこと

(4)今までまった(〜)と言います。

(5)イ

(6)(例)いろいろなことを理解《りかい》し、知識《ちしき》がつながってきたから。

(7)知識・知識への水路

(8)3(段落)

❷ 2→4→1→3

**考え方**

❶ まず、話題を見つけましょう。次に、その話題について、どんなことが述《の》べられているか読み取りましょう。(6)——線部④の直前の、「〜によって」は理由を表す表現《ひょうげん》です。理由を答えるような問題では、このような表現をヒントに考えましょう。(7)——線部⑤の直前の「身につけた」と、問題文の「得る」は同じような意味になることもヒントになります。(8)筆者の結論《けつろん》は、文章の最初《さいしょ》や最後《さいご》の段落《だんらく》にまとめられていることが多いです。

❷ 段落の初《はじ》めのつなぎ言葉は、段落と段落を結《むす》びつけています。つなぎ言葉に注意して考えましょう。

## ステップ3 1～3

120～121ページ

❶ (1)①5　②4　③1　④3　⑤2

(2)葉が肥大《ひだい》した部分

(3)なぜ輪《わ》になっているのか

❷ (1)あるとき観

(2)(例)蚊《か》の飛《と》び方と風の向きの関係《かんけい》。

(3)屋根のひさし・風上

(4)風にいっしょうけんめいさからう性質。

(5)蚊ばしらは

❸ (例)十一月三日、金曜日の午前九時から、講堂《こうどう》で学芸会《がくげいかい》を行います。プログラムは当日、受付でわたします。いっしょうけんめい練習したので、ぜひ見に来てください。会えるのを楽しみにしています。

**考え方**

❶ 各段落に書かれている要点《ようてん》を考えましょう。

❷ この文章では、初《はじ》めに言いたいことを書き、その理由を次に述《の》べています。(2)文章を通

じて、「蚊の飛び方」と「風の向き」の二点の関係《かんけい》にふれていることに注目します。答えるときは、どちらか一方だけを書く形にならないように気をつけましょう。

3 手紙を書くときは、心をこめて自然《しぜん》な気持ちをそのまま書きます。用件《ようけん》は、わかりやすく、はっきりと書きます。

**ここに注意** 3 手紙は、相手に会って話す代わりに、文字によって用件や自分の気持ちを伝えるものです。したがって、おたがいの関係《かんけい》によって、また、手紙の種類《しゅるい》によって書き方も変《か》わってきます。
　この手紙は、招待《しょうたい》の手紙です。親しみと期待をこめて、出す時期に気をつけるようにしましょう。

## そうふく習テスト①　122〜123ページ

1 (1)イ　(2)イ　(3)イ　(4)ア　(5)ア　(6)イ　(7)ア　(8)ア　(9)ア

2 (1)反らす　(2)治る　(3)幸せ　(4)覚ます　(5)挙(上)げる　(6)開ける　(7)散らす　(8)結ぶ　(9)転ぶ　(10)弱まる

3 (1)くさかんむり　(2)えんにょう　(3)しんにょう(しんにゅう)　(4)れんが(れっか)　(5)こころ　(6)おおがい　(7)りっとう　(8)もんがまえ

4 (1)心配(不安)　(2)短所(欠点)　(3)戦争　(4)欠席　(5)下流　(6)卒業　(7)最低　(8)成功　(9)下校　(10)直線

5 (1)ア　(2)ウ　(3)イ　(4)カ　(5)エ　(6)オ

6 (1)エ　(2)(例《れい》)大きな黒いかげを見て、おどろく気持ち。　(3)ウ　(4)ゆうれい魚　(5)ア

**考え方**

1 送りがなは、ふつう言葉の終わりの部分で、変化《へんか》するところ(活用するところ)から送ります。

3 (4)・(5)の部首の種類《しゅるい》は、「あし」です。

4 (3)・(6)・(8)は、二つの熟語《じゅくご》に共通する文字はありません。

5 慣用句《かんようく》の問題です。頭、顔、目、耳、鼻、口、手、足、腹《はら》などの体の部分のつく慣用句をいろいろと集めてみましょう。また、それらが、どんな意味で使われるかを覚《おぼ》えておきましょう。

6 文章全体に何が書かれているかをとらえることが大切です。文章の中心語句に注意しながら、要点《ようてん》を落とさずに読み取ることを心がけましょう。(2)――線部①の直後の段《だん》落《らく》に注目しましょう。文末に「〜からだった」という理由を表す表現があるので、この一文が――線部の行動の理由と考えられます。

## そうふく習テスト②　124〜125ページ

1 (1)Aオ　Bア　Cエ　(2)少しづつ→少しずつ　(3)(例)山を越《こ》えたところにある別の村　(4)(例)自由になる(こと)　(5)イ　(6)ア

2 (1)(例)外套《がいとう》が兄のお古だから。　(2)イ　(3)(例)涙《なみだ》で五十銭銀貨《せんぎんか》がはっきりと見えなくなったから。

**考え方**

1 つなぎ言葉・こそあど言葉に注意して、文章の内容《ないよう》を正しく読み取りましょう。(4)文章の第一・第二段落《だんらく》に、筆者の言いたいことが書かれていることに注目しましょう。

2 場面と登場人物の心情《しんじょう》を読み取り、解答《かいとう》を導《みちび》き出しましょう。(1)隆が――線部①のように言った理由が問われているので、その理由となることを文章から読み取りましょう。(2)――線部②だけを見ても様子がはっきりとはわからないので、直前の内容に注目しましょう。「口惜しく追いつめられた

感じで～」や、「なにか薄情に～」とあることから様子をつかんでいきましょう。

## そうふく習テスト③ 126～128ページ

**1**

(1)㋐エ ㋑イ ㋒カ ㋓ア
(2)日本語の歴史《れきし》～役立ちます。
(3)①静 ②着 ③散(配) ④楽
(4)①ありません ②なにげなく ③という ④母
(5)日本文化
(6)具体的で感覚《かんかく》的
(7)言う・人・いる
(8)(例《れい》)日本語を失《うしな》い、具体的で感覚的な日本文化が消えてもかまわないと言う方。
(9)(糸)言葉(言語) (織物《おりもの》)文化
(10)(例)世界中の言葉がすべて英語だけに統一《とういつ》されること。

**考え方**

**1** 日本語を英語に翻訳《ほんやく》したときに起こる問題を例《れい》にして、言葉と文化の関係《かんけい》を説明《せつめい》し、日本語の歴史を知ることの大切さを述《の》べた文章です。たとえを使った表現《ひょうげん》などに注意して読み取りましょう。(2)問いかけの答えにあたる部分を見つけるときは、文の書き出しに注目しましょう。――線部①の問いかけに対して、最終段落《さいしゅうだんらく》の一文目が「日本語の歴史を知るということは～」という書き出しで始まっていることに注目します。(5)文章中で、日本語のことを「母国語」と表現している部分があることに注目しましょう。(6)(5)と同様に、言いかえの表現があることに注目して、――線部⑤の直後から読み取りましょう。(8)この問題の「そういう」が指し示す内容《ないよう》は、――線部⑦の前に書かれています。問題文に「わかりやすく説明《せつめい》しなさい」とあることから、指し示す部分を書き写すだけにならないように注意しましょう。(9)――線部⑧以外にも、文章の前半で「糸」や「織物」という表現がよく出ていることに注目し、それらの文章をヒントに考えましょう。(10)「一元化」の意味がわからないなど言葉の意味がわからない場合は、前後の内容《ないよう》から読み取るようにしましょう。――線部⑨を含む段落《だんらく》では、母国語を失い、言葉が英語だけに統一《とういつ》された場合のことが書かれています。